Say it with Presentations, 2/e

Korean Language Edition Copyright © 2006 by McGraw-Hill Korea, Inc. All rights reserved. No part of this publication may be reproduced or distributed in any form or by any means, or stored in a database or retrieval system, without prior written permission of the publisher.

1 2 3 4 5 6 7 8 9 10 Smart Business 20 09 08 07 06

Original: Say it with Presentations, 2/e
By Gene Zelazny
ISBN 007-147289-4

This book is exclusively distributed in Smart Business Publishers Co.
When ordering this title, please use ISBN 89-92124-06-6
Printed in Korea

이 책을 마빈 바우어와 맥킨지에 바칩니다.

맥킨지라는 놀이터를 만들어준 마빈 바우어
그리고 내게 공간을 제공해준 맥킨지의 수많은 친구와
동료들에게 감사의 말을 전한다.
40년 이상이 지났지만,
나는 아직도 그곳에서 운동화 안에 모래가 들어갈 정도로
뛰어다니고 있다.

차례 | CONTENTS

프롤로그 ● **프레젠테이션을 준비하라는 지시를 받았다면**
　　　　　 청중의 권리장전

섹션 1 ● **상황을 정의하라**

　나는 왜 프레젠테이션을 하는가? 16
　누구를 설득하고자 하는가? 21
　프레젠테이션에 걸리는 시간은 얼마인가? 30
　어떤 매체를 사용해야 하는가? 34

섹션 2 ● **프레젠테이션을 설계하라**

　메시지를 결정하라 51　　　　　애니메이션으로 말하라 86
　줄거리를 정교하게 짜라 54　　 이미지로 말하라 90
　서론을 작성하라 62　　　　　　청중의 참여로 말하라 92
　결말을 계획하라 65　　　　　　상상력은 어디에서 오는가? 94
　상상력으로 말하라 67　　　　　문자 비주얼을 고안하라 104
　비유로 말하라 72　　　　　　　읽기 쉽도록 만들어라 110
　예술로 말하라 76　　　　　　　스토리 보드를 만들어라 113
　음악으로 말하라 81　　　　　　프레젠테이션을 준비하라 120
　유머로 말하라 84

섹션 3 ● **프레젠테이션을 전달하라**

연습하라 : 결점 찾기 129
시설과 장비를 설치하라 135
전달의 기술을 이용하라 140
시각 자료를 이용하라 147
질문에 답하는 것에 익숙해져라 153
유머를 진지하게 사용하라 158
침묵에 귀를 기울여라 161

에필로그 ● **성공적인 프레젠테이션의 십계명**
'프레젠테이션으로 말하라' 체크리스트

프롤로그 | PROLOGUE

프레젠테이션을 준비하라는 지시를 받았다면

당신은 프레젠테이션을 하라는 지시를 받았다. 나는 '지시를 받았다'는 점을 강조하고 싶다. 우리 대부분은 프레젠테이션을 하겠다고 자원하지 않을 테니까 말이다. 누군가 프레젠테이션을 해야 하는 분위기라면 당신은 이렇게 외치고 싶을 것이다.

'제발 나한테 프레젠테이션 하라고 하지 마세요.'

당신이라면 다음과 같은 임무에 자진해서 나서겠는가?

"뒷마당에 유독성 폐기물 처리장을 만들도록 지방 시의회를 설득하라."
"회사 창립자에게 공장 두 곳의 작업을 중단하고 2,000명의 직원을 해고하라고 제안하라."
"사업 부장들에게 왜 각 부서의 비용을 40퍼센트 절감해야 하는지 말하라."
"회사가 살아남으려면 회장부터 요리사까지 직원 7,000명의 임금 32퍼센트 삭감안을 승인해야 한다고 설득하라."

하지만 당신은 끝내 비즈니스 프레젠테이션을 하도록 지시받았다. 당신은 다급해진다.

"뭐라고? 나보고 김 팀장 같은 꼴을 당하라고? 그가 '오늘의 목적은…'이라며 프레젠테이션을 시작하려고 하니까 CEO가 '그건 우리 목적이 아니야'라고 한 거 기억 안 나나? 이 과장이 75명을 초대했는데, 그중 9명만 나타난 것은? 그리고 박 부장이 노트북 컴퓨터를 LCD 프로젝터에 연결할 케이블이 없어 쩔쩔 맨 것을 잊었나?"

그래도 당신은 끝내 비즈니스 프레젠테이션을 하도록 지시받았다. 덜덜 떨기 시작한다.

"그럴 때면 손바닥은 땀에 젖고 무릎은 덜덜 떨리고 초조해진단 말이야. 엉뚱한 말이 튀어나와서 당황하거나 실수를 할까 두려워. 그리고 질문에 대답하지 못할까 봐 무서워."

그래도 당신은 끝내 비즈니스 프레젠테이션을 하도록 지시받았다. 미치기 일보 직전이다.

"더군다나 나는 시간이 없어. 내 책상 위에서 나를 기다리는 일들이 얼마나 되는지 알아? 프레젠테이션을 구상하고, 줄거리를 짜고, 비주얼과 유인물을 준비하려면 얼마나 많은 시간이 걸리는지 아냐고? 예행연습까지 세 번 하려면 도대체 얼마나 많은 시간이 걸리는지 알기나 하는 거냐고? 어디 그게 보통 일인 줄 알아?"

그래도 당신은 비즈니스 프레젠테이션을 하도록 지시받았다.

왜 애써 부정하는가? 당신은 처음부터 프레젠테이션을 해야 한다는 사실을 알고 있었다. 그래서 이 책이 필요한 것이다. 이 책에는 내가 그동안 준비하고 발표했던 모든 프레젠테이션에서 얻은 통찰력과 실용적인 아이디어가 실려 있다. 뿐만 아니라, 내가 40년 이상 프레젠테이션을 위해 일했던 맥킨지의 친구, 동료들의 경험이 녹아 있다.

나는 이 책이 프레젠테이션의 준비부터 전달까지 모든 것을 담은 교과서가 되기를 바라지 않는다. 당신은 설명서를 읽어서 자전거 타는 법을 배우지 않는다. 자전거 타는 법을 배우는 단 하나의 방법은, 자전거를 탈 수 있게 될 때까지 그 위에 올라타고 넘어지기를 반복하는 것이다.

프레젠테이션도 마찬가지이다. 이 책이 할 수 있는 일은 그저 길을 알려주는 것뿐이니 당신은 자전거에 올라타서 페달을 밟아야만 한다.

자전거에 오르기 전에 주의할 점이 있다. 나는 당신이 프레젠테이션의 내용을 처음부터 끝까지 생각해놓았을 것이라고 가정했다. 즉, 뒷받침하기 위한 증거들을 철저히 조사했고 논리적인 결론과 현실적인 제안을 도출했기 때문에, 당신이 성공하기 위해 필요한 것은 청중에게 사실과 아이디어를 실어줄 프레젠테이션뿐이라는 것이다.

당신이 준비한 자료를 완벽히 알고 있을 때 나오는 자신감을 대체할 수 있는 것은 없다. 이 책은 단지 프레젠테이션을 설계하고 전달하는 데 필요한 능력만을 다룬다.

만약 남은 시간이 2분밖에 없다면, 다음 페이지에 나오는 '청중의 권리장전'을 주목하라. 프레젠테이션을 준비할 때마다 이것을 다시 읽어보고 싶어질 것이다. 그리고 준비할 때 좀 더 시간이 있다면, 이 책의 나머지 부분을 읽어보라. 당신은 청중의 권리장전을 보호하는 방법을 배울 수 있을 것이다. 이 책을 읽으면서 '상황을 정의하라', '프레젠테이션을 설계하라', '프레젠테이션을 전달하라'에 대해 자세히 배울 것이다.

즐거운 경험이 되기를 바란다.

청중의 권리장전

내가 청중의 권리장전을 생각해낸 것은 한 고객 때문이었다. 어느 강연회가 끝났을 때 그는 이렇게 물었다.
"이 자리에서 나는 청중입니다. 나는 무슨 권리가 있습니까?"

다음은 내가 전 세계의 동료들에게 모은 자료를 정리한 것이다. 당신이 다음에 프레젠테이션을 발표할 때 도움이 될 것이다.

목적에 대하여
발표자가 나에게 프레젠테이션의 결과를 따르거나 생각하도록 하려는 것이 무엇인지 알 권리.
내가 이 프레젠테이션과 관련된 이유가 무엇인지 알 권리.
프레젠테이션에 참석하기 위해 쏟은 시간의 가치를 보상받을 권리.

존경에 대하여
지적인 내용이 되도록 공헌하고 그 결과를 공유할 권리.

즉각적인 결론을 내리도록 압박을 받는 대신 생각할 시간을 가질 권리.

나의 경험과 지성과 지식을 존중받아 그것을 밑돌거나 웃돌지 않는 프레젠테이션을 들을 권리.

나의 질문에 대해 대답할 수 없을 때 정직함을 볼 수 있는 권리.

형편없는 프레젠테이션에 대해 자리를 박차고 일어나 밖으로 걸어나갈 수 있는 권리.

시간에 대하여

프레젠테이션이 얼마나 걸릴지 미리 알 권리.

프레젠테이션이 정시에 시작하고 끝나서 미리 결정된 나의 바쁜 스케줄에 지장을 받지 않을 권리.

굳이 생리 현상이 아니더라도 가끔은 휴식시간을 가질 권리.

내용에 대하여

지금 어느 부분을 하고 있는지 프레젠테이션이 앞으로 어떻게 진행될지 알 권리.

논쟁 중인 결론이 무엇인지, 당신의 입장에 대한 이론적 근거가 무엇인지, 그 근거를 뒷받침하는 사실들이 무엇인지 알 권리.

중요한 정보를 처음에 얻을 권리.

비주얼에 대하여

내가 청중들 사이 어디에 앉든지 안경에 의지하지 않고 모든 비주얼의 모든 단어를 읽을 수 있는 권리.

복잡한 차트에 대해 설명을 들을 권리.

융통성에 대하여

토의를 하거나 집단의 공통 이해를 돕기 위해 프레젠테이션을 중지시킬 권리.

언제라도 질문을 하고, 질문을 했을 때 "그것은 다음에 다루겠습니다"라는 말 대신 대답을 들을 권리.

전달에 대하여

회의실의 뒷자리에서도 들을 수 있는 권리.

거친 제스처에 주의를 빼앗기지 않고 프레젠테이션에 몰두할 권리.

발표자의 메시지가 나에게 바로 오고, 스크린을 이용해서 설명할 때 발표자의 뒤통수가 아니라 얼굴을 볼 권리.

유머가 요점을 전달하거나 긴장을 완화하거나 동의를 얻는 데 도움이 될 경우, 그의 유머감각을 즐길 권리.

종결에 대하여

합의 사항과 다음으로 미뤄진 사항이 무엇인지 분명히 알 권리.

어떤 의미 있는 것을 달성했다는 기분으로 떠날 권리.

Section 1
상황을 정의하라

강의나 연수 프로그램, 연설 등과 비즈니스 프레젠테이션이 어떻게 다른지를 정확하게 말해준 사람은 내 친구, 안토니 제이 경Sir Antony Jay이다. 그는 "프레젠테이션은 설득의 실행"이라 했다. 당신이 원하는 것은 다음과 같은 것들이다.

뒷마당에 쓰레기 처리장을 만들도록 시의회를 설득하기.
회사 설립자에게 공장 두 개의 문을 닫도록 설득하기.
사업 부장들에서 비용을 40퍼센트 절감하도록 설득하기.

이제까지 당신은 청중이 당신의 제안을 행동으로 옮기도록 유도하기 위해 조사하고 인터뷰하고 분석하는 작업 등을 끊임없이 준비했다.

지금은 방대한 데이터, 오피스 프로그램, 인터뷰 기록, 차트 등 모든 것을 잠시 덮어두고 한숨을 돌려보자. 가장 좋아하는 차 한 잔을 마시고 종이 한 장을 꺼낸다. 그리고 15분 동안 당신이 앞으로 마주칠 상황에 대해 생각하고 그것을 기록해 보자.

이 프레젠테이션을 당신이 지난주 발표했던 프레젠테이션 또는 다음 주에 발표할 프레젠테이션과 차별화되게 독특하도록 만들기 위해서는 무엇이 필요한지 자문해보라.

나는 당신이 이 과정을 통해 이번 프레젠테이션에서 원하는 결과를 얻는데 도움을 받으리라 약속한다. 설득을 위한 더 좋은 방법을 찾아냈다면 프레젠테이션을 할 필요가 없다는 사실이 밝혀질지도 모른다. 당신이 대답하고자 하는 질문은 다음과 같다.

나는 왜 프레젠테이션을 하는가?
누구를 설득하고자 하는가?
프레젠테이션에 걸리는 시간은 얼마인가?
어떤 매체를 사용해야 하는가?

각각의 의문을 좀 더 자세히 살펴보자.

Say it with Presentations

나는 왜 프레젠테이션을 하는가?

당신은 프레젠테이션을 준비하는 것보다 하고 싶은 일들이 더 많을 것이다. 만약 중요한 순서대로 가장 하고 싶은 일을 5개 나열하라고 한다면, 청중 앞에 서서 프레젠테이션을 발표하는 것이 포함될까? 분명 아닐 것이다.

이 사실을 기억하라. 프레젠테이션을 싫어하는 당신보다 프레젠테이션 내내 자리를 지켜야 하는 청중들이 프레젠테이션을 더 싫어한다. 농담이 아니다.

청중들은 당신의 프레젠테이션을 듣고 앉아 있는 것만 아니라면 무엇이든 할 것이다. 그들은 프레젠테이션을 듣지 않기 위해 거짓말을 하고 변명을 할 것이다. 더 이상 못 참겠다고 느낄 때마다 호출기를 울릴 것이다. 더 앉아있을지 떠날지를 결정할 수 있도록 비서에게 프레젠테이션 시작 후 10분 후에 회의실로 들어와서 빈 쪽지를 전달하도록 말해둘 것이다.

물론 당신을 개인적으로 싫어해서 그런 것은 아니다. 단지 청중들은 그 누구의 프레젠테이션이든지 간에 프레젠테이션을 듣고 앉아 있는 것을 직접 하는 것보다

지겹다고 생각하는 것뿐이다. 만약 그들이 나와 같다면, 그들은 프레젠테이션 하는 것을, 예를 들어 여자친구와 손잡기, 테니스 치기, 자전거 타기, 헌책방 돌아다니기, 마사지 받기 등보다 낫다고 생각하지 않을 것이다.

그러므로 청중들이 당신의 프레젠테이션 내내 자리를 지키고 있어야 할 타당한 이유를 만들어라. 그들이 당신의 프로젝트를 성공시키는 데 있어 매우 중요한 존재라고 느끼도록 만들어라. 당신이 무언가를 실행에 옮기기 위해서는 그들의 동의가 필요하다. 그렇지 않으면 더 이상 앞으로 나아갈 수 없다. 당신은 그들의 식견과 경험과 조직 내 지위가 필요하다. 그것이 없으면 문제를 해결할 수 없다.

이것이 당신이 진행하는 프레젠테이션의 목표를 정의하는 것과 관련된 핵심이다. 적절한 정의를 내리기 위해서는, **당신의 프레젠테이션 결과를 통해 청중들이 어떻게 행동하고 생각하기를 바라는지 한 문장으로 쓰는 것이다.** 이 작업에는 몇 가지 주의할 점이 있다.

1. *한 문장으로 제한하라.* 만약 한 문장 이상이 필요하다면 당신의 목표가 분명하지 않은 것이다. 프레젠테이션이 여러 개의 목표 사이에서 갈피를 못 잡을 수 있다.

2. *반드시 현실적인 목표를 설정하라.* 가령 신상품에 대한 아이디어에 수백만 달러를 투자하는 문제를 그 자리에서 승인하도록 요구하는 것은 비현실적이다. 단 한 번의 프레젠테이션으로 의사결정권자들을 설득하기는 힘들 것이다.

나는 투자 은행가들을 대상으로 프레젠테이션을 준비했던 두 사업가와 일한 적이 있다. 나는 그들 각자에게 프레젠테이션의 목표를 적도록 했다. 첫 번째 사업가는 '청중에게 강한 인상을 심어주기를 원한다'라고 썼다. 나는 이렇게 말했다.

"그건 쉽습니다. 그들에게 이 동네에서 가장 인기 있는 쇼의 표를 보내세요."
두 번째 사업가는 좀 더 구체적이었다.
'나는 청중들이 나의 제품 아이디어에 투자하기를 원한다.'
좋은 생각이었다. 나는 그에게 목표를 달성했는지 물었다. 그는 대답했다.
"물론 아니지요. 내가 원하는 것은 150만 달러입니다."
그런 일은 요술램프를 문지르는 것이다. 차라리 25만 달러를 먼저 승인받은 다음에 두 번째 프레젠테이션을 열어 추가 자금을 승인받는 것이 요술램프를 문지르는 것보다 현실적이다.

 3. *행동으로 이어지도록 하라.* 다음 질문에 답해보라. "청중이 무엇을 하기를 원하는가?"

그때까지의 진행상황을 살펴보겠다고 말하는 것은 충분치 않다. 프레젠테이션이 끝날 때쯤 어느 청중이 "지금까지 말씀 감사합니다. 그런데 우리가 당신이 하는 일에 잘 알고 있는 건가요?"라고 말하는 것을 들었다면 당신은 만족하겠는가? 당신은 당신이 제공한 정보를 가지고 또는 그것에 대해 청중이 어떤 행동을 취하기를 원할 것이다.

청중에게 무엇인가를 알리거나 그들의 이해를 구하고자 한다고 말하는 것은 충분치 않다. 모든 프레젠테이션의 목적은 정보를 전달하고 이해를 구하는 것이다. 문제는 청중이 그 정보를 통해 당신이 원하는 행동을 하는가이다. 그러니 정보나 생각을 구체화하라. 예를 들면 다음과 같다.

 당신은 지방 시의회가 쓰레기를 새로운 장소에 버릴 수 있도록 합법화하는 조례에 서명하는 데 동의하기를 원한다.
 당신은 회사 설립자가 공장 두 곳을 폐쇄하려는 전략을 승인하기를 원한다.

당신은 사업 부장들이 비용 절감 실천 프로그램을 진행하기를 원한다.

명확하게 정의된 목표는 큰 가치를 지닌다.

- *명확하게 정의된 목표는 정말로 프레젠테이션을 할 필요가 있는지 결정하도록 돕는다.* 당신은 프레젠테이션보다 더 나은 일을 찾을 수 있다. 사실 사람들은 프레젠테이션 내내 자리에 앉아 있고 싶어 하지 않는다. 그러므로 당신의 목표에 대해 진지하게 생각하라. 만약 전화 통화나 짧은 메모로 끝낼 수 있다면, 프레젠테이션을 하지 말라. 당신의 목표를 달성하기 위한 최선의 방법이 모든 청중들에게 동시에 같은 메시지를 전달하고, 그들의 질문에 일일이 대답하고, 서로 의견을 교환할 기회를 제공하여 무엇을 할지 동의할 수 있도록 하는 것이 확실할 때 프레젠테이션을 진행하라. 간단히 말해서, 명확하게 정의된 목표는 당신의 커뮤니케이션 전략을 충분히 생각하도록 돕는다.

- *명확하게 정의된 목표는 청중의 관심과 에너지를 집중시키도록 돕는다.* 그것은 프레젠테이션에 관심을 집중시켜 청중의 에너지를 효과적으로 이용할 수 있게 한다.

- *명확하게 정의된 목표는 당신의 사고를 "청중이 무엇을 보고 듣기를 원하는가"에서 "목표를 달성하기 위해 청중이 무엇을 보고 들어야 하는가"로 전환할 수 있게 한다.* 즉, 목표를 생각할 때에는 당신이 아니라 청중에게 무엇이 중요한가의 관점으로 생각하라. 당신이 원하는 바에 청중이 동의하기 위해서 무엇을 보고 들어야 하는가?

- *당신의 목표를 달성했는가가 프레젠테이션의 성공 여부를 가릴 수 있는 유일한 기준이다.* 만약 목표가 명확하게 정의되어 있지 않았다면 프레젠테이션이 노력한 만큼 가치가 있었는지 판단할 방법이 없다. 만약 사람들이 당신의 발표에 대해 아주 잘 했다거나 비주얼이 보기 좋았다고 한다면 괜찮은 일이다. 그러나 그것이 프레젠테이션에 투자한 시간과 노력을 정당화하지는 못한다.

목표 없이 프레젠테이션을 계획하는 것은 주형틀 없이 석고상을 뜨는 것과 같다. 주형틀이 없다면 석고상은 엉망이 될 것이다. 목표는 당신으로 하여금 그 특정한 시간에 특정한 청중을 상대로 무엇을 달성하고자 하는지 상기시킬 것이다. 어떤 자료를 포함하고 그것을 어떻게 제시할 것인지 결정하기 전에 목표를 적어라.

Say it with Presentations

누구를 설득하고자 하는가?

다음은 프레젠테이션 경험이 풍부한 사람들이 청중을 파악하는 것에 대해 언급한 말들이다.

청중을 염두하지 않고 프레젠테이션을 계획하는 것은 러브레터를 담은 편지 봉투에 '아무개에게'라는 이름을 써서 보내는 것과 같다.
— 켄 해머 AT&T

우둔한 청중은 없다. 청중이 이해하지 못했다면 그것은 당신이 제대로 전달하지 못했기 때문이다. — 하비 골럽 아메리칸 익스프레스

나는 청중을 분석하지 않는다. 청중 개개인을 분석할 뿐이다.
— 로웰 브라이언 맥킨지&컴퍼니

중요한 것은 당신이 무엇을 말하는 것이 아니라 청중이 무엇을 듣는가이다.

– 레드 아우어바흐 보스턴셀틱스

당신은 과학기술이 금융업에 미치는 영향을 설명하게 될 경우, 은행가들에게 말할 때와 초등학생들에게 말할 때 각각 다른 방법으로 할 것이 분명하다. 판매의 효율성을 향상시키는 방안을 설명할 경우, 최고경영진에게 말할 때와 판매원에게 말할 때가 다를 것이다. 따라서 청중을 분석하는 것은 상황을 정의하는 데 있어 가장 중요한 단계이다.

청중을 분석한다는 것은 그들이 누구인지 아는 것, 그 이상을 의미한다. 물론 당신은 각 개인의 이름과 직위 그리고 얼마나 많은 사람이 참석할지 알고 싶을 것이다. 그런 반면 청중을 분석한다는 것은 그들이 당신의 메시지를 얼마나 전달받고, 이해하고, 받아들일지 추정하는 것을 의미한다. 즉, 각 개인들이 당신의 메시지에 어떻게 반응할지를 예상하는 것이다. 우리가 반드시 고려해야 할 질문들은 다음과 같다.

의사결정권자는 누구인가?

어떤 종류의 청중이건, 그들 중에는 해당 프레젠테이션 주제에 대해 많은 것을 아는 사람이 있고, 모르는 사람이 있다. 어떤 사람들은 당신의 정보에 직접적인 영향을 받을 것이고 어떤 사람들은 영향을 거의 받지 않을 것이다.

모든 사람의 요구를 충족시키기 위한 프레젠테이션을 계획한다면, 당신은 어느 선에선가 절충해야 할 것이다. 그렇게 되면 누군가에게는 너무 많은 정보를 주고 다른 누군가에게는 불충분할 정보를 줘서, 정작 당신은 지원을 필요로 하는 사람들의 요구를 충족시키지 못하는 위험을 떠안게 된다.

당신의 목표를 다시 생각해보라. 당신이 성취하고자 하는 목표에 대해 찬성 또는 반대를 할 수 있는 최고의 위치에 있는 사람은 누구인가? 신제품 아이디어에 대한 투자 여부를 결정하는 사람은 누구인가? 당신의 실행 계획을 진행하라고 지시할 권한을 가진 사람은 누구인가? 예산 진행 과정을 관리하는 사람은 누구인가?

이들의 요구에 맞게 프레젠테이션을 계획하라. 그러나 다른 청중들을 무시하라고 말하는 것은 아니다. 다만, 의사결정권자들이 당신의 목적을 승인하도록 유도하기 위해 무엇을 보여주고 들려줘야 하는지에 관심을 집중하라는 의미이다.

청중은 프레젠테이션의 자료를 얼마나 알고 있는가?

당신이 자료를 준비할 때 청중의 이해력을 과소평가하거나 과대평가하지 말라. 청중이 당신만큼 상황에 대해 알고 있는가? 당신은 그들의 언어나 은어를 사용할 수 있는가?

그렇지 않다면 청중의 이해 수준을 당신이 원하는 정도까지 끌어 올려서 그들이 프레젠테이션을 따라올 수 있도록 만들어야 한다. 이를 위해 프레젠테이션을 하기 전에 청중에게 관련 배경 정보를 제공할 필요가 있다. 그리고 프레젠테이션 진행 중에 낯선 정보가 나오면 청중과 함께 그것에 대해 논의해야 할 것이다.

청중은 얼마나 흥미가 있는가?

당신은 신경이 쓰일 수밖에 없는 부분이다. 당신은 이 부분 때문에 프레젠테이션에 며칠, 몇 주 혹은 몇 달을 투자하는 것이다. 그리고 이 프레젠테이션을 구성하고 예행연습을 하느라 밤을 지새웠다. 청중들도 당신이 신경 쓴 만큼 신경을 쓰는가? 만약 그렇다면 바로 자료를 설명할 수 있기 때문에 정말 좋은 일이다. 그러나 그렇지 않다면 청중이 이메일, 음성 메시지, 우편물 등을 잊고 프레젠테이션에 집중할 수 있도록 가능한 한 빨리 청중들의 관심을 끌어내야 한다.

무엇이 걸린 문제인가? 당신의 제안에 찬성할 경우 청중이 얻는 것은 무엇인가? 잃는 것은 무엇인가?

이해를 돕기 위해 예를 들어보자. 한 유명 뉴스 주간지의 경리부장에게 들은 이야기이다. 그는 9월이 되면 회사의 잡다한 지출이 하키 스틱 모양으로 급격히 상승하는 곡선을 그렸다는 사실을 알아냈다. 그는 과거 몇 년 동안의 데이터를 검토하여 이 패턴이 반복되었음을 확신했다. 그것은 사장이 알아야 할 만큼 중대한 사안이었다. 그래서 그는 사장에게 알리기 위해 프레젠테이션을 진행했다.

사장이 "문제의 원인은 무엇인가?"라고 물었다. 경리부장은 "이것은 9월에 회사의 모든 리포터, 기자, 칼럼니스트, 편집자, 연구원들이 자녀들의 신학기를 위해 학용품을 준비하면서 일어나는 현상인 것 같습니다"라고 대답했다.

사장은 상황을 곰곰이 생각한 후 말했다.

"그 문제보다는 우리가 최고 수준의 주간지를 유지하도록 최선을 다하는 것이 더 중요하네."

회사가 경리부장의 안에 대해 어떤 조치를 취했다면 분명히 지출을 줄일 수 있었을 것이다. 그러나 직원들의 사기는 떨어졌는지 모른다. 의사결정권자는 비용 절감을 직원들의 사기와 맞바꾸기를 원치 않았던 것이다. 얻는 것이 잃을 수 있는 것보다 가치가 없을 거라고 판단했기 때문이다. 다시 말해서, 사실 분석을 토대로 어떤 결론을 내리는 것이 전부가 아니라는 이야기이다. 당신의 제안을 청중이 수용했을 때 예상되는 결과를 처음부터 끝까지 따져봐야 한다.

당신이 청중을 설득하고자 하는 바가 훌륭한 아이디어라면 왜 전에는 그 제안이 없었는가? 당신이 청중을 설득하고자 하는 제안이 매우 훌륭한 것이라면 왜 청중은 그것에 대해 "아니오(NO)"라고 말하는가?

우리는 합리적인 사람들에게 사실을 제시하면 그들이 합리적인 결정을 내린다고 믿는다. 정말로 그렇게 믿고 싶어 한다. 그러나 사실은 합리적인 사람들도 이성이 아니라 감성으로 결정을 내리는 경우가 많다.

나의 흡연 습관을 예로 들어보겠다. 나는 33년 동안 담배를 피웠다공군에 입대할 당시에는 문신을 하고, 말을 타고, 말보로를 피지 않으면 남자가 아니라고 생각했다. 그래서 그 셋 중에 하나는 해도 괜찮다고 결심했다.

그동안 나는 다양한 관점에서 금연을 권하는 프레젠테이션을 들었다. 모든 프레젠테이션의 주제가 명확하고 논리적이었다. 그러나 그 어느 것도 담배를 끊게 하지는 못했다. 예를 들어보자.

재정적 프레젠테이션. "하루에 담배 한 갑을 피우려면 비용이 얼마나 드는지 아십니까? 계산해보니까, 연말이면 당신이 눈독 들이고 있는 멋진 테니스 라켓을 살 수 있는 정도입니다." 이치에 맞는 말이지만 담배를 끊게 하지는 못했다.

시각적 프레젠테이션. "당신의 양쪽 폐를 찍은 동영상을 보세요. 당신의 폐를 점령한 타르의 부위가 6미터 스크린을 가득 채우고 있습니다." 압도하는 장면이었지만 담배를 끊게 하지는 못했다.

인과응보적 프레젠테이션. 나의 주치의가 이렇게 말했다. "담배를 계속 피면 죽습니다." 무서운 메시지였지만 담배를 끊게 하지는 못했다.

감정적 프레젠테이션. 나의 두 딸 미셸과 도나가 애원했다. "우린 아빠를 잃고 싶지 않아요." 이 말을 듣고 한 번은 담배를 끊게 만들었다. 20분도 안 되었지만.

요점은 다음과 같다. 때로는 청중이 결심을 하도록 하기 위해서는 어떤 설득보다 변화에 대해 사람들이 갖고 있는 거부감을 극복하도록 하는 것이 중요하다. 나는 자주 이렇게 말한다.

"나는 변화를 두려워하지 않는다. 두려워하는 것은 변하는 과정이다."

나는 흡연으로 인해 발생하는 문제점들을 어떻게 대처해야 할지 알았다. 그러나 금연했을 때 나를 성가시게 할 문제점들(예를 들면, 체중 증가 등)을 어떻게 대처해야 할지 막막했다. 차라리 예전의 문제점들을 그냥 안고 사는 것이 더 쉬운 것처럼 느껴졌다.

이제 당신은 이렇게 물을 것이다. "그러면 어떻게 금연하게 되었는가?"

그것은 오랫동안 수많은 프레젠테이션, TV, 라디오에서 금연을 강조한 영향의 결과이기도 했고, 언제 어디서 담배를 피울 수 있거나 없는지를 규정하는 사회적 압력의 결과이기도 했다. 그리고 그 결과가 누적되어 가다가 그런 충고를 받아들일 심리적 준비가 되었을 때 담배를 끊을 수 있었다.

이것은 비즈니스 세계에서도 마찬가지이다. 한 번의 프레젠테이션으로 청중이 당신의 제안을 받아드릴 것이라고 기대할 수는 없다. 먼저 당신의 제안이 유도할 변화를 심리적으로 받아들일 준비가 되었는지 확인하고, 만약 그렇지 않다면 청중과의 커뮤니케이션 전략을 수정해야 한다.

프레젠테이션을 몇 번씩 나눠 실시하면서 점진적으로 진행할 수도 있다. 여러 차례 비공식적인 회의를 통해 의사결정권자들과 문제점을 논의하고 타협 가능한 부분을 확인할 수도 있는데, 이 과정은 프레젠테이션을 통해 당신이 계획한 결과를 얻을 것이라는 확신이 들 때까지 계속되어야 한다.

마이크가 겪은 일이 그러했다. 그는 나에게 이사회에서 진행할 프레젠테이션을 검토해달라고 부탁했다. 그는 내 사무실로 찾아와 회사가 그 조직을 중앙화해야 하는 가장 설득력 있는 논거들비용절감, 의사결정 과정 개선, 커뮤니케이션 과정 간소화 등을 제시하기 시작했다.

마이크는 15분간 혼자 떠들었다. 그의 독백을 들은 후 나는 그의 주장이 너무 완벽해서 반박하기 어려울 것이라고 생각했다. 나는 그에게 지금처럼 그대로 진행하라고 말했다. 그러자 그는 무엇인가를 훔친 사람처럼 필요 이상으로 빠르게 내 사무실을 빠져나가려고 했다. 그가 문을 나가려고 할 때, 나는 마지막 질문으로 올가미를 던졌다.

"마이크, 잠시만. 중앙집권화해야 한다는 사실이 그렇게 명백하다면 회사가 왜 전에는 실행하지 않았지?"

그런 다음 일격을 가했다.

"사람들은 왜 반대할까?"

마이크는 고개를 떨구었다.

"그 질문을 하지 않기를 바랐습니다. 사실은 그들이 그것을 원하지 않습니다."

그는, CEO 앞에서는 지역 담당자들이 고개를 끄덕이며 찬성을 해도 자신들의 담당 지역으로 돌아가면 기존에 갖고 있던 권력을 포기하지 않을 것이라고 설명했다.

우리는 이런 상황에 어떻게 대처해야 하는지 논의했다. 그 결과 그의 커뮤니케이션 전략을 수정하기로 했다. 먼저 그는 지역을 돌면서 각 지역 담당자들과 협상했다. 그런 다음에 이사회에서 자신의 제안을 성공적으로 제시할 수 있었다.

청중은 어떤 태도를 취할까? 제안에 찬성할 것인가, 반대할 것인가?

프레젠테이션을 하는 사람이 회사에서 사랑받기를 원한다면 직업을 잘못 선택한 것이다.

사실 프레젠테이션은 제안이라는 명목으로 충고를 하는 자리이다. 당신도 알다시피, 사람들에게 충고를 하는 것처럼 적을 만드는 데 확실한 방법은 없다. 슈퍼마켓 계산대의 계산원이 "즐거운 하루 보내세요"라고 말하면 나는 속으로 이렇게 중얼거린다.

'나한테 이래라저래라 하지 말라고!'

이제 사람들에게 당신의 제안이 인기가 없으리라는 것은 기정사실이다. 그러나 그것은 청중이 적이라거나 그들이 반사적으로 적대감을 보인다는 의미는 아니다. 나는 양치질을 잘해야 하고, 식사 후에는 반드시 치실을 쓰도록 충고를 하는 치과 의사를 좋아한 적이 없다. 의사의 충고는 내가 듣고 싶은 말이 아니다.

다른 한편으로 나는 치아를 관리하지 않을 경우 치러야 하는 비용이 얼마인지 알고 있다. 나는 의사의 충고를 좋아하지 않지만 의사의 제안이 갖는 이점이 무엇인지 알고 있으며, 의사에게 말하지는 않겠지만 가끔은 치실을 쓰기도 한다.

프레젠테이션에서 청중이 당신의 제안을 듣고 기뻐서 펄쩍 뛸 일은 거의 없을 것이다. 그렇다면 프레젠테이션의 마지막에 제안을 하기까지 어떤 상황이 발생할지 인내심을 갖고 프레젠테이션을 구성해야 한다. 더 자세한 것은 다음 섹션에서 다루겠다.

청중은 자료를 어떻게 이해하는가?

청중은 숫자를 선호하는가, 차트를 선호하는가? 그들은 색맹인가? 비주얼을 '빨아들이는가?'

다시 말해, 그들은 단순하고 읽기 쉽게 하는 것이 좋다는 규칙을 무시하고 당신이 이 단락을 읽는 시간보다 더 빠르게 핵심을 파악할 수 있는가?

모든 청중의 선입관이나 개인적 기벽 가령 "나는 화려한 슬라이드를 좋아하지 않아", "나는 갈색을 싫어해"을 예상하기는 힘들다.

그러나 꼼꼼히 준비한다면 이런 문제들에 대처하는 방법을 알 수 있다. 전에 같은 청중 앞에서 프레젠테이션해본 동료에게 묻거나, 청중 가운데 일부를 선별하여 테스트해보라. 또는 의사결정권자와 가까운 사람들을 만나 청중에 대해 분석하면 될 것이다.

프레젠테이션에 걸리는 시간은 얼마인가?

Say it with Presentations

당신의 프레젠테이션을 듣기 위해 청중이 모이는 동안, 당신은 모든 사람이 궁금해 하고 있을 하나의 질문을 갖게 된다.

"이 프레젠테이션이 몇 시간 걸릴까?"

당신은 선택권을 가진 경우보다 그렇지 않은 경우가 더 많다. 누군가가 프레젠테이션에 소요될 시간을 지시해준다. 당신에게 선택권이 있다면, 짧을수록 좋다는 사실을 명심하라. 한 시간 내에 당신의 메시지를 전달하지 못했다면, 두 시간이 주어져도 달라질 것은 없다.

시간에 대해 이렇게 생각해보라. 영화는 평균적으로 90분 정도 상영되고, TV쇼는 광고를 제외하고 약 22분이다. 광고는 30초 이내에 그 메시지를 전달한다. 물론 이것들 대부분은 단순한 메시지를 전달하는 반면 비즈니스 프레젠테이션은 훨씬 복잡하다. 그러나 프레젠테이션의 길이와 청중의 눈꺼풀이 무거워지는 시간에는 아주 밀접한 관계가 있다.

수많은 프레젠테이션을 들어본 사람으로서 프레젠테이션이 예정보다 빨리 끝나면 어느 누구도 불평하지 않는다는 사실을 자신 있게 말할 수 있다. 대신 그들은 프레젠테이션이 예상보다 오래 걸리면 불평을 하게 된다. 프레젠테이션을 하게 되면 나는 필요한 시간보다 더 긴 시간을 요구한 다음 예정보다 빨리 끝나도록 한다. 이렇게 하면 청중은 무언가를 얻었다는 느낌을 받고 좋아한다. 내게 주어진 시간이 얼마이고 얼마나 많은 질문을 받았든지 간에, 예정된 시간에 프레젠테이션을 마치는 책임은 전적으로 나에게 있다.

다음은 프레젠테이션에 할애된 시간 내에 목표를 달성하지 못할 경우를 대비한 몇 가지 선택이 가능한 방법들이다.

- 의욕을 자제하되 더 현실적이고 객관적이 되어라. 두 번째 프레젠테이션이나 보충 회의를 계획하라.
- 프레젠테이션을 하기 이틀 전에 관련 정보의 유인물을 청중들에게 제공해서 그들이 사전지식을 갖도록 하라. 프레젠테이션을 시작하게 되면 유인물을 읽지 못한 청중을 위해 그것을 인용하고 가장 중요한 부분을 요약하라. 나는 '요약'이라는 말을 강조하고 싶다. 유인물의 내용을 순서대로 읽으면 누군가가 당했던 일을 겪을 수 있다. 그가 유인물을 차례대로 읽자 청중 가운데 있던 의사결정권자가 말했다. "우리가 유인물을 읽었다고 가정하고 진행하게. 오늘 우리가 모인 것은 앞으로 어떻게 할지 결정하는 것일세."
- 청중에게 추가적인 정보는 프레젠테이션이 끝날 때 받게 될 유인물에 있다고 알리는 것도 하나의 대안이 될 수 있다. 가능하면 유인물을 프레젠테이션이 시작할 때 배포하는 것을 피하라. 청중의 주의가 당신과 당신이 프레젠테

이선하고 있는 것에서 분산될 위험이 있다.
- 자세한 정보나 배경 지식을 정리한 자료를 준비하라. 청중이 더 많은 무언가를 요구할 경우, 준비한 자료를 통해 대비해야 한다.
- 프레젠테이션의 각 부분과 보여주기로 계획하고 있는 비주얼들에 대해 우선순위를 정하라. 1순위는 반드시 보여주어야 하는 것이고 2순위는 생략할 수 있는 것들이다.
- 청중에게 새로운 동의를 구하라. 생각나는 예가 하나 있다. 당시 청중의 질문이 너무 많아 예상 시간에 끝나지 못하게 되어 많은 사람들이 불만족스러운 기분으로 회의실에 남아 있어야 하는 분위기였다. 나는 진행을 잠깐 멈추고 새로운 동의를 구했다. "다른 약속이 있는 분들이 자리를 뜰 수 있도록 잠깐 시간을 갖지요. 남아있는 분들에 대해서는 질문이 있는 한 끝까지 답변하겠습니다." 청중의 3분의 1이 떠났고, 나는 남아 있는 사람들과 30분을 더 보냈다.

시간이 상관없다 해도 세부적인 정보를 줄이는 것이 좋다. 준비한 자료를 다 보여주려는 것은 '지적 과시 증후군'에 불과하다.

프레젠테이션을 하는 사람들은 프레젠테이션을 정시에 시작한다고 생각한다. 하지만 청중이 늦는다면 어떻게 해야 하는가?

프레젠테이션을 정시에 시작하라. 당신은 청중이 자리를 잡을 때까지 3분에서 5분 정도는 기다릴 수 있다. 하지만 그 이상은 안 된다. 당신은 정시에 온 사람들을 위해 예정대로 시작할 의무를 갖고 있다. 그 사람들이 시간을 지키지 않은 사람들 때문에 프레젠테이션을 기다리게 할 수는 없다.

그런데 의사결정권자가 늦는다면? 그럴 경우 정시에 시작하되, 지각생이 나타나면 이미 진행한 부분과 어느 부분을 다루고 있는지 요약해서 알려줘라. 내가 깨달은 바에 따르면 정시에 온 청중들은 프레젠테이션이 중단되는 것보다 늦게 시작하는 것을 더 싫어한다.

나는 의사결정권자 가운데 한 명이 도착하지 않은 채 프레젠테이션을 했던 기억이 있다. 그녀는 20분 늦게 도착했지만 나는 아무 일도 없던 것처럼 계속 진행했다. 그때 청중 가운데 한 명이 진행을 중지시키고 늦게 온 사람의 의견이 없으면 나머지 청중들이 합의에 도달할 수 없다는 사실을 알려줬다. 그는 나에게 그때까지의 내용을 요약할 시간을 요구했다. 결국 모든 사람이 같은 내용을 받아들이게 되자 내가 원하던 합의를 더 쉽게 끌어낼 수 있었다.

나에게는 정시에 시작하고 정시에 끝내는 것이 내용을 구성하는 것보다 더 중요하다. 그것은 성실성의 문제이다. 프레젠테이션의 목적을 따른다는 것은 서로의 합의를 준수하고 책임을 다하겠다는 의지와 능력을 증명하는 것이다.

어떤 매체를 사용해야 하는가?

Say it with Presentations

　이상적인 매체는 모든 프레젠테이션 현장에서 이용 가능하고 단순하게 설치할 수 있는 것이다. 그것은 조명이 켜진 방이라면 방 넓이에 상관없이 사용할 수 있을 것이다. 매체의 조명등은 꺼지는 일이 없어야 한다. 매체는 크기에 상관없이 원본을 시각 자료로 이용할 수 있어야 한다.

　또한 그런 자료로 만들 때 비용이 크게 들지 않고 수정이 쉬우며 사용가능한 어떤 복사기로도 만들 수 있어야 한다. 비주얼은 컬러에서나 흑백에서나 또렷하고 분명해서 청중의 규모가 1명이든 1,000명이든 상관없이 읽을 수 있어야 한다.

　하지만 그런 매체는 꿈에서나 볼 수 있을 것이다. 이런 특징을 모두 갖춘 매체는 없기 때문에 각기 다른 상황에서 이용할 수 있는 매체들을 각각의 장단점과 함께 소개하고자 한다.

전통적인 스탠드 프레젠테이션

첫 번째로, 당신은 회의실 앞쪽의 스크린이나 칠판 쪽에 서 있고, 청중은 당신과 함께 회의실에 있는 상황부터 살펴보자.

컴퓨터로 조정하는 온스크린 프레젠테이션은 사실 어떤 규모의 청중을 대상으로 하든 다양하게 이용될 수 있다. 다음은 이 기술로 창출된 가능성의 범위를 설명하고 있다. 인쇄된 페이지로 인해 표현할 수 있는 것이 제한적이지만, 당신은 이 같은 응용의 진보를 따를 때 무엇을 할 수 있는지 깨닫게 될 것이다. 각 응용은 당신의 프레젠테이션을 좀 더 정교한 수준으로 끌어 올릴 것이다. 기본적인 온스크린onscreen 프레젠테이션부터 알아보자.

애니메이션을 이용하라. 사물을 확대하거나 축소하는 줌zoom 기능, 화면의 한쪽을 지우면서 다음 화면을 나타나게 하는 와이프wipe 기능, 화면을 오버랩하는 디졸브dissolve 기능 등을 이용하면 당신의 비주얼에 생동감을 좀 더 줄 수 있다. 예를 들면, 생산 공정에 따라 상품이 움직이는 모습이나 조직도에서 책임의 흐름을 나타낼 수 있다.

스캔한 이미지를 이용하라. 상업적으로 이용이 허가된 제품이나 인물의 컬러 사진을 스캔하여 비주얼에 삽입하는 것은 쉬운 일이다. 또한 디지털 카메라를 이용해서 원하는 사진을 찍고 필요한 경우에는 컴퓨터로 그것을 수정해도 좋다.

음향을 이용하라. 당신이 보여주고 있는 그림에 사실성을 더하기 위해 전화벨 소리나 자동차 경적 소리를 삽입하면 어떨까? 새로운 아이디어에 찬성하는 인용문이나 음악을 통해 분위기를 고조시키는 것은 어떨까?

비디오를 이용하라. 생산 라인에서 정체가 일어나는 부분, 제품을 팔고 있는 판매원의 모습 등 당신이 설명하고자 하는 내용을 비디오 화면으로 보여주는 것은 어떨까?

링크link를 이용하라. 제조업체의 홈페이지를 클릭할 수 있게 만들어서 제품에 대한 정보를 알 수 있도록 한다.

전부 당신이 사용할 수 있는 인상적인 기술들로서, 프레젠테이션이 성공하는 데 크게 공헌할 수 있다. 당신이 쉽게 예상할 수 있지만, 각각의 기술에는 장단점이 있다.

온스크린 프레젠테이션의 음향, 애니메이션, 특수효과 등의 조합은 확실히 프레젠테이션에 시각적 호소력을 더함으로써 단순히 발표나 장황한 차트보다 청중을 더 강하게 끌어당길 수 있다. 이러한 프레젠테이션의 가장 중요한 장점은 프레젠테이션 도중이나 회의 사이사이 또는 프레젠테이션 장소를 이동하는 동안에 비주얼에 변화를 줄 수 있다는 점이다. 이렇게 하면 때에 따라 알맞은 내용을 더할 수 있다.

이 프레젠테이션은 내용 안에서 비선형적으로 갈라지는 것이 가능하기 때문에, 하나의 프레젠테이션을 여러 방법으로 다양한 청중들에게 재사용하는 것이 가능하다. 약간의 노력만 들이면 쉽게 받아들일 청중을 상대할 때에는 제안과 함께 프레젠테이션을 시작할 수 있고, 쉽게 받아들이지 않을 청중에 대해서는 프레젠테이션의 마지막까지 제안을 할 수 있다.

이런 장점이 있는가 하면 장비 준비가 결코 간단하지 않다는 단점이 있다. 노트북 컴퓨터를 LCD 프로젝터에 연결하고 양쪽 모두를 전원에 연결하는 작업, 장비를 바른 순서로 켜는 것 등은 인내심을 크게 시험한다.

청중에 따라서는 애니메이션, 디졸브, 와이프, 날아다니는 화살표 등을 이용하는 것이 겉만 멋있게 보일 수도 있다.

또 다른 단점은 이것이 '비주얼의' 프레젠테이션화가 된다는 점이다. 즉, 초점이 발표자인 당신에게 있기보다 스크린상의 비주얼에 있을 수 있다는 것이다. 그것은 마치 여행담을 듣는 것처럼 발표자가 눈에 보이지 않는 배경 속 해설자로 전락할 가능성이 높아진다.

비즈니스 프레젠테이션에서는 발표자가 바로 프레젠테이션이며 비주얼은 그 이름처럼 시각적 보조 자료로만 생각되어야 한다는 점을 강조하고 싶다. 따라서 최소한 프레젠테이션을 시작하고 끝낼 때에는 회의실의 조명을 밝힌 상태에서 비주얼 없이 청중에게 직접 말하도록 한다.

OHPOverHead Projector는 청중의 규모가 4명 이상일 때 가장 효과적이다. 그러나 상한선이 몇 명인지는 확실히 말하기 어렵다. 나는 OHP를 700명이 모인 자리에서 성공적으로 사용한 경험이 있다. 그래도 굳이 상한선을 정하라면, 40명 정도가 될 것이다.

이 매체에서 특히 눈에 띄는 장점은 비주얼의 순서를 변경하거나 생략하는 것이 가능하고, 다른 어떤 수단보다도 손쉽게 자료를 추가할 수 있을 뿐만 아니라 비어 있는 부분에 순간적으로 떠오르는 생각을 적을 수도 있다는 것이다. 또한 실내등을 켜놓을 수 있다는 장점도 높게 평가한다. 이 같은 장점들이 모두 더해져서 OHP는 대부분의 회의에서 요구되는 대화식 상호작용에 필요한 융통성을 제공해 준다.

OHP에 대해서는 부정적인 면을 생각하기 힘들다. 거의 모든 회의장과 기업에는 이것이 비치되어 있기 때문에 휴대가 간편하지 않다는 사실도 그리 문제가 되지 않는다.

그러나 컴퓨터 온스크린 기술이 발전하면서 OHP는 구식이 될 가능성이 높다.

칠판이나 전자 화이트 보드는 토론식 프레젠테이션에 편리하다. 상호작용적인 회의에서 아이디어가 제기될 때마다 그것을 기록하면 청중에게 참가하고 있다는 느낌을 주게 된다. 이것은 토론의 자발성을 높여 크게 활기를 불어 넣는다.

이 매체를 효과적으로 사용하려면 깔끔하고 읽기 쉬운 필체를 가져야 한다. 청중과 토의하는 시간보다 그들에게 등을 보이면서 칠판에 필기하는 시간이 더 길지 않으려면 신속하고 간결하게 쓰는 방법을 배워야 한다. 모인 청중이 읽을 수 있는 정도를 고려한다면 규모는 15명 이하로 제안하는 것이 좋겠다.

토론식 회의

두 번째로, 당신이 회의탁자에 앉아 소수로 구성된 집단에게 프레젠테이션을 하는 상황으로 넘어가자. 청중들은 각자 당신이 프레젠테이션 하는 동안 살펴볼 자료의 사본을 갖고 있다. 이때 사용되는 자료를 '랩 비주얼lap visuals' 이리고 부른다.

랩 비주얼은 6명 이상의 사람들과 상호작용을 만들어내는 데 가장 적합하다. 그 목적은 전형적으로 현재까지의 일 논의, 사실의 정확성 검토, 논쟁점의 표면화, 결론 테스트, 제안에 대한 합의 도출, 실행 프로그램에 대한 참여 구하기 등이다.

랩 비주얼의 장점은, 모든 사람이 동등한 협력자라는 느낌을 받을 수 있다는 것이다. 그리고 듣는 사람들은 비주얼에 직접 필기를 할 수 있고 원하는 페이지를 앞뒤로 넘겨볼 수 있다. 단점은 당신이 아직 이야기하지 않은 뒷부분을 청중이 미리 읽을 수 있다는 점이다. 이 경우 토론의 끝에서 다루고 싶어 하는 질문이 미리 나올 수 있다. 또한 청중이 자료를 내려다보고 있기 때문에 당신이 말하고 있는 요점을 청중이 이해하고 있는지 눈을 마주치면서 확인할 수 없다.

비디오 회의

세 번째는 발표자와 청중이 다른 장소에 있는데도 비디오 기술 덕분에 하나의 비주얼을 함께 볼 수 있는 상황이다.

일반적으로 비디오 회의는 토론과 대화를 위해 사용되는 것이 가장 좋다. 연수나 비주얼 프레젠테이션을 위해 사용하는 것도 가능하지만, 이 경우 보유하고 있는 설비가 이미지를 전송할 수 있는지 확인해야 한다.

이상적으로는 청중이 적을수록 좋다. 모든 사람이 동시에 카메라에 잡힐 때에 대화가 가장 효과적으로 진행된다.

장점으로는 모든 참가자가 한 장소로 이동하는 데 드는 시간과 비용을 줄일 수 있다는 것이다. 비용 절감 효과는 이 모든 것을 가능케 하기 위해서―그 기술 자체의 복잡성은 언급하지 않더라도―그것이 전화회선을 이용하든 위성을 이용하든 간에 전송에 드는 비용을 포함하여 기술 비용으로 어느 정도 상쇄된다. 뿐만 아니라 설비 대부분은 우리가 가정용 TV에서 보며 익숙해진 방송 품질을 제공하지 못한다는 사실을 깨닫는 것이 중요하다.

그러나 가장 미묘한 단점은 시간차이다. 발표자는 청중이 같은 회의실에 있을 때 얻을 수 있는 즉각적인 피드백을 받을 수 없다. 그리고 발표자와 청중, 모두 질문과 응답 시간에 어느 정도 익숙해질 필요가 있다.

이 매체를 최대한 이용하기 위해서 가능한 한 카메라에 시선을 고정시킬 필요가 있다. 카메라 다른 쪽에 있는 청중들에게 당신이 개별적으로 말하고 있다는 느낌을 줄 수 있기 때문이다. 또한 심리적 거리감을 좁히기 위해서 화면을 보고 있는 사람들의 이름을 외우고, 프레젠테이션을 진행하면서 질문에 대답하거나 토론으로 유도할 때 그들의 이름을 부르는 것도 좋은 방법이다.

가상 프레젠테이션

마지막 상황은 청중이 회의실에 없고 당신은 그들을 볼 수 없는 상태에서 프레젠테이션을 하는 것이다.

나는 칠판부터 시작에서 OHP, 35밀리 슬라이드를 거쳐 컴퓨터, 동영상 온스크린 프레젠테이션에 이르는 비주얼 프레젠테이션 분야의 변화를 경험해왔다. 어떤 변화가 오더라도 나는 그것을 빨리 익힐 수 있다고 생각했다. 이것은 가상 프레젠테이션이라는 개념을 접하기 전까지의 일이었다.

가상 프레젠테이션은 발표자와 청중이 서로 지구 반 바퀴만큼 떨어져 특정 소프트웨어나 인터넷, 상황에 따라서는 전화로만 연결된 것을 말한다. 나는 가상 프레젠테이션을 처음 접했을 때 미래는 지금까지와는 다르리라는 것을 한번에 알게 되었다. 놀랍게도 과거의 모든 기술적 변화를 거치며 알았던 프레젠테이션 기술의 상당수가 갑자기 불필요한 것이 되었음을 깨달았다.

여기서 나의 첫 경험을 당신과 공유하고 그것이 생각하는 방법을 어떻게 변화시켰는지 설명하여, 내가 어렵게 배웠던 교훈을 빨리 배울 수 있기를 바란다. 가상 프레젠테이션은 앞으로 오랫동안 사용될 것이다.

2003년, 나는 집에서 비행기로 한두 시간 걸리는 어딘가에서 3시간짜리 세미나를 하기로 했다. 청중은 10명 정도로 예상하고 있었다. 나는 장비를 설치하기 위해 한 시간 일찍 도착했다. 담당 직원이 23층의 작은 회의실로 나를 안내했다.

그때서야 비로소 프레젠테이션이 '픽처 토크Picture Talk'를 통해 전달될 것임을 알게 되었다. 나는 "픽처… 뭐라고요?"라고 물었다. 그리고 픽처 토크, 웹 엑스Web Ex 등 다양한 소프트웨어 응용 프로그램은 가상 프레젠테이션을 하기 위해 사용하는 수단이라는 설명이 돌아왔다.

청중들은 자리에 참석하지 않는 대신, 컴퓨터 화면으로 나의 모습을 보고 스피커를 통해 내가 말하는 것을 듣는 것이다. 심지어 그들은 같은 건물에 있는 각자의 사무실이나 다른 도시의 사무실, 그들의 집 등 그 시각에 있게 된 어디에서든 나의 프레젠테이션을 보고 들을 것이다. 잠깐, 나는 아직 당황스러운 부분은 얘기하지 않았다.

나의 모습을 불러낼 때 '픽처 토크'를 사용할 수 없다는 것이 판명되었다. 프레젠테이션이 아직 시작되기도 전에 그것을 중지할 상황이었다. 다행히도 나는 CD롬에 슬라이드를 담아두었다. 그래서 나는 그것을 이메일로 청중에게 전송할 수 있었다.

마침내 장비를 설치하는데 할애된 한 시간 외에도 30분을 더 쓰고서야 시작할 준비가 되었다. 진짜 문제는 서서히 나타나기 시작했다.

나는 그 작은 방에서 완전히 혼자인 채로 프레젠테이션을 시작했다. 그때 나는 깨달았다. 당신과 회의실에 같이 있는 청중들에게 발표할 때 필요한 전달 기술들, 이 책의 뒤에서 설명하겠지만 적절히 시선을 마주치고 자연스러운 몸짓을 하며 팔을 허리 높이에서 구부리는 것 등은 완전히 시대에 뒤쳐지고 한물 간 것이었다.

상상이 가는가?

나는 나 자신에게 말하고 있는 것처럼 느꼈다. 10명의 청중을 만난 적도 없으며 앞으로도 만날 일이 없을 것이다. 그들이 듣고 있는지, 이해하고 있는지 알 도리가 없다. 그들은 다음 비주얼로 넘어가자고 하는 내 목소리를 듣는다. 실제로 누군가가 그렇게 하고 있는지도 모른 채 계속해서 다음 비주얼로 진행한다. 질문이 있는지 반복해서 묻지만 오직 침묵만이 들린다.

잠시 후 나는 그들이 집중하고 있는지 의문이 들었다. 그들은 내가 모르게 원하는 일은 무엇이든 할 수 있도록 자유롭기 때문이다. 나는 이따금 집에 있는 참가자에게서 비명을 지르는 아이들 소리를 듣거나 옆에서 트럭이 부르릉대는 소리를 듣는다. 그리고 이건 화장실 물 내리는 소린가? 다음 그림을 보면 이게 어떤 느낌인지 알 수 있을 것이다.

나는 이 경험을 하고 나서 가상세계에는 몇 가지 새로운 효과적인 발표 규칙이 있으며 그것을 빨리 익히는 편이 좋다는 것을 깨달았다. 그래서 나는 그 일에 착수했다. 다양한 가상 발표자와 프레젠테이션 청중들의 의견을 참고하여 다음과 같은 결론을 내렸다.

이 방법은 시각적 설명이 필요하고 청중의 상호작용을 적게 수반하는 정보를 전달하는 데 가장 적합하다. 새로운 기술이나 개념을 직원들에게 소개하기 위한 교육 연수회를 생각해보면, 가상 프레젠테이션은 한 집단에서 좀 더 많은 협동이 필요한 상황에는 적합하지 않다. 이 경우 얼굴을 마주해야 하는 상호작용을 대체하기 힘들다.

나는 가상 프레젠테이션은 다채로운 특별한 이점과 단점을 갖고 있다는 사실을 알았다.

첫 번째 이점은 비디오 회의처럼 모든 사람들이 도처에서 동시에 같은 장소로

날아오는 비용을 절약할 수 있다는 점이다. 비용 절감의 필요성이 항상 대두되었고 공항과 항공사를 전전하는 어려움이 증가하면서 한 곳에 머물고 싶은 욕구가 이점이 되었다.

두 번째 이점은 다양한 시간대와 위치에 있는 청중들이 동시에 참여할 수 있다는 점이다. 만약 내가 프로그램을 뉴욕에서 오전 10시에 시작하면 샌프란시스코에 있는 사람은 오전 6시에, 동유럽에 있는 사람은 저녁 7시에 로그인 할 수 있다.

이에 반해 단점은 다음과 같다.만약 당신이 발표자라면 이 부분을 읽지 말라. 마음에 들지 않을 것이다. 참가자가 프레젠테이션을 듣는 동안 동시에 여러 가지 일을 할 가능성이 높다. 그렇다 해도 당신은 그들이 무엇을 하는지 볼 수 없다.

나에게 있어 가장 큰 단점은 청중과의 직접적인 접촉을 완전히 할 수 없게 되며 청중의 순간적인 피드백이나 자발성이 줄어든다는 것이다. 시스템이 참가자들에게 상호작용하고 질문하며 피드백을 받을 수 있는 능력을 부여했는데도, 시선을 마주칠 수 없고 그들이 나에게 어떻게 반응하지는 전혀 알 수 없다는 사실이 나를 가장 고민하게 했다.

- '동의한다' 또는 '동의하지 않는다' 를 뜻하는 고개의 끄떡임이 없다.
- '이해를 못하겠다' 를 뜻하는 눈살 찌푸림이 없다.
- 어떤 유머를 해도 그에 답하는 어떤 종류의 웃음도 나오지 않는다.
- 귀머거리로 만드는 침묵 외에는 아무것도 없다.

물론, 프로그램이 끝난 후 참가자들에게 설문지를 작성하도록 요청하면 당신이 성공했는지 실패했는지를 어렴풋이 알 수 있다. 그러나 일반적으로 이것은 한참 나중에 결과를 알게 되고 충분히 구체적이지 않아 유용하지 않을 수도 있다. 설령 그들이 면밀하게 인내심을 갖고 고려한 반응을 설문지에 썼다고 해도 나에게 가장 유용한 진짜 피드백은 프레젠테이션을 하면서 얻는 피드백이다.

다음은 가상 프레젠테이션에 가장 효과적으로 도전하도록 돕기 위한 충고이다.

기술팀과 협력하라. 프레젠테이션을 시작하기 전에 당신을 지원할 기술 전문가와 가능한 한 친하게 지내라. 프레젠테이션을 성공으로 이끌기 위해서 서로 어떻게 협력할지 논의할 수 있다.

- 기술이 당신을 좋아하지 않을 때를 대비해서 긴급 대책을 마련하라.
- 모든 장비를 점검하라.
- 현장에 준비되어 있지 않을 경우를 대비해서 여분의 선과 전원 코드를 가져가라.
- 노트북 컴퓨터를 전원에 연결하라. 배터리를 사용하지 마라.

기술적 대체 계획을 세워라. 당신의 비주얼을 미리 참가자의 이메일로 선송하라. 기술적 문제가 있을 때 그것을 사용할 수 있다. 파일의 크기가 10메가바이트를 초과하지 않도록 최소화하라. 사진, 동영상 컬러 비주얼, 비디오 클립을 포함하여 파일을 이 크기까지 줄이는데 많은 작업이 필요한 경우도 생긴다.

세부 계획을 짜라. 청중이 전화 접속과 로그인을 위한 정확한 정보를 갖고 있는지 미리 확인하라. 어떤 온라인 상태가 청중에게 적합할지 결정하라.

프레젠테이션의 길이가 90분을 초과하지 않도록 제한하라. 이전에 인간적인 접촉이 없고 상호작용의 기회가 제한적인 상황이므로 프레젠테이션을 간단히 하면 청중의 시선을 잡을 수 있다는 생각은 잘못이다. 프레젠테이션은 '짧을수록' 좋다.

당신의 비주얼을 가상적 형태에 맞춰라. 비주얼을 단순하게 유지하고 활자는 컴

퓨터 화면에서 읽을 수 있게 크게 만들어라. 애니메이션을 사용하기 전에 두 번 생각하라. 그것은 컴퓨터 화면에 떠오르는 데 더 오랜 시간이 걸리기 때문이다.

대본을 비주얼과 맞춰라. 만약 대본을 사용할 계획이라면 그것이 비주얼과 맞는지 확인하라. 비주얼이 먼저 나와야 하는 경우에는 시간을 정확히 재서 말하는 것과 비주얼이 맞는지 확인하라.

당신의 스크롤러scroller와 협동하라. 만약 당신을 위해 비주얼을 스크롤할 사람이 있다면, 스크롤러가 언제 스크롤할지 알 수 있게 하라. 그러나 당신 스스로 스크롤하는 법을 익혀서 비주얼을 정확하게 언제 바꿀지 통제할 수 있는 편이 낫다.

총연습을 하라. 자료를 전달하는 데 사용할 기술을 똑같이 사용해서 리허설을 하라. 자신의 컴퓨터 스크린에서 보게 될 것에 익숙해져라. 특히 줌 기능이나 화면의 도구모음과 그것이 수행할 수 있는 기능에 대해 공부하라. 프레젠테이션을 하는 동안 이런 기능들을 이용할 수 있을 것이다.

최소한 한 명은 프레젠테이션을 봐줄 사람을 찾아라. 프레젠테이션을 하는 동안 한두 명의 청중은 같은 방에 있도록 부탁하라. 누군가가 당신의 어깨 너머에서 참가자가 당신에게 대화의 메시지를 보내고 있음을 알리게 하라. 당신은 프레젠테이션 자체에 집중하느라 메시지를 놓칠지도 모르기 때문이다 내가 말하는 것을 분명하게 듣기 어려우므로 속도를 늦추고 마이크에 더 가까이 대고 말해달라고 부탁하고 있던 것을 동료가 알려준 경우도 있었다.

사람들이 꽉 들어찬 방에서 말하거나 무대에서 공연하는 것처럼 큰 소리로 말하라. 청중이 볼 수 없는 신체적 몸짓을 대신하기 위해 목소리 톤을 높게 조정하

라. 음질이 좋은지 확인하기 위해 헤드셋과 마이크를 사용하라. 일반적인 전화 수화기는 물론이고 스피커폰은 절대 사용하지 말라.

청중들의 참여를 유도하라. 최소한, 한 번에 한 명씩 자신을 소개하도록 부탁하라. 그들의 흥미나 목표도 소개해서 귀 기울이게 하라. 청중을 이름으로 불러라. 언제 어떻게 질문할 수 있는지 설명하라. 말을 할 때는 스스로를 밝히도록 하라. 견해와 반응을 요구하라. 광범위하고 정해진 답이 없는 질문, 단순히 "예, 아니오"로 대답할 수 있는 질문은 피하는 것이 좋다. 예를 들어, "모두 이해하셨습니까?"라고 묻지 말고 "구체적인 질문이 있으신 분?" 또는 "이 메시지가 우리가 목표로 하는 청중에게 적절하다고 생각하십니까?"라고 물어라.

여론조사 기술 덕분에 미리 결정된 "예, 아니오" 또는 다항 선택식 질문을 하고 청중의 대답을 바로 총계 내는 것이 가능하다. 이것은 토론을 시작하는 효과적인 방법이 될 수 있다. 예를 들어 "여러분의 20퍼센트는 전시회가 좋았다고 생각했지만 80퍼센트는 그렇지 않았다고 대답했습니다. 80퍼센트 집단에 속한 분께 묻겠습니다. 왜 그렇게 생각하십니까?" 만약 아무도 크게 말하지 않는다면, 참가자 중 한 명을 지명하도록 하라.

청중이 당신에게 "휴식시간까지 얼마나 남았습니까?" 등의 개인적인 질문을 할 수 있는 대화창을 이용하도록 유도하라. 또는 짧게 쓴 메시지를 개인이나 전체 집단에 전송하게 하라. 청중은 프레젠테이션의 스크린에 글자를 칠 수 있다. 그래서 프레젠테이션을 활발하게 만드는 청중이 "오늘 배운 것 중에 월요일 아침에 실제로 사용할 수 있는 것은 무엇입니까?" 등의 질문을 했을 때 누구나 그 질문에 답할 수 있게 한다.

피드백을 구하라. 공식적인 형식뿐만 아니라 세션이 끝난 후 개인별로 불러 개인적 반응을 살펴보라.

Section 2
프레젠테이션을 설계하라

　내가 프레젠테이션을 간단하게 만들 마법의 공식을 얼마나 많이 바랐는지 상상할 수 없을 것이다. 불행하게도 우리가 지금까지 본 수많은 프레젠테이션은 이제 모든 회의실에서 사라져야 할 것들이었다.

제목 낱말 찾기	1단계: 세 자리 숫자를 임의로 선택하라. 2단계: 각 자리에 따라 조합하라.	
첫째 자리	둘째 자리	셋째 자리
0 전략적	0 효율성을	0 평가한다
1 조직적	1 기회를	1 개발한다
2 경영의	2 능력을	2 강화한다
3 전략적	3 우선순위를	3 개선한다
4 조직적	4 자원을	4 처리한다
5 경영의	5 관리를	5 찾아서
6 전략적	6 장점을	6 활용한다
7 조직적	7 대안을	7 높인다
8 경영의	8 조직을	8 제도화한다
9 그외모든	9 경쟁력을	9 소생시킨다

대부분의 프레젠테이션에서 독창적인 제목이 바닥났다는 생각이 든다. 제목은 모두 왼쪽의 '제목 낱말 찾기'에서 나온 것처럼 보인다.

경위

대략 □ 일, □ 주, □ 개월, □ 년 전에,

귀사는 우리에게 귀사의 _____
_{프레젠테이션의 제목을 써라}

_____를 요청했습니다.

발표자들은 청중에게 이 프로젝트를 위해 얼마나 오랫동안 준비했는지 알릴 필요가 있다고 느낀다. 그것이 적절한지 어떤지는 상관없다. 왼쪽 비주얼은 그것을 알리기 위해 만들어졌다.

경과

귀사의 경영 상태를 정확히 파악하고자 인터뷰를 실시했습니다.

□ 이사회 구성원   □ 부서 관리자
□ 사장   □ 지구 관리자
□ 전무이사   □ 지역 관리자
□ 부사장   □ 판매원 또는 대리점 관리자
□ 상무이사   □ 기타

청중에게 강한 인상을 주기 위해, 발표자들은 종종 오늘의 프레젠테이션을 준비하기까지 겪은 고통을 설명한다. 어떤 경우에는 몇 차례 인터뷰를 했는지 그 횟수까지 기록해둔다.

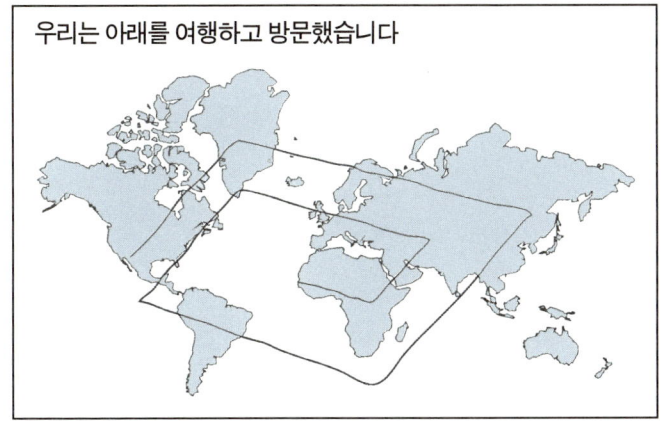

실태를 파악하기 위해 방문한 장소도 자세히 보여준다.

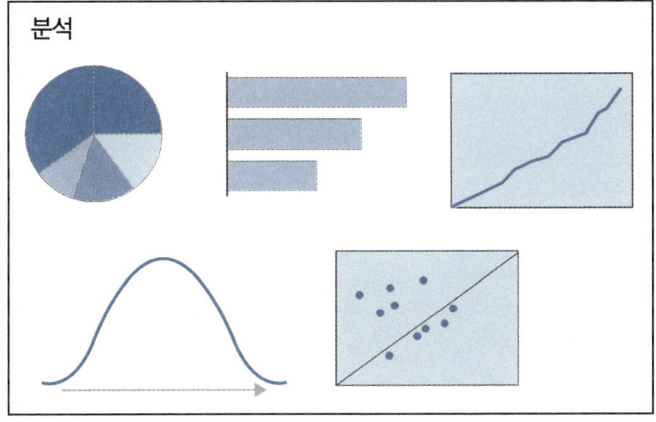

그런 다음 공들여서 정교하게 분석한 자료를 설명하기 시작한다. "다음은 7번 비주얼입니다."

이런 식으로 프레젠테이션을 한 지 1시간 45분이 흐른 후 청중에게 결론과 제안을 밝힐 때가 되면 청중은 졸거나, 짜증내거나, 사라진 뒤가 될 것이다.

더 좋은 방법을 생각해보자. 프레젠테이션은 청중의 질문에 답해야 한다. 당신의 프레젠테이션은 바로 그 질문을 해결하기 위해 계획된 것이다. 프레젠테이션은 그 질문에 대해 청중이 답의 근거를 이해하도록 돕는 방향으로 대답해야 한다. 이번 섹션에서 나는 그 방법에 대해 말하고자 한다.

우선, 당신의 메시지를 정의하는 이유와 그 방법을 설명할 것이다. 그 다음으로 줄거리, 서론, 결말을 정교하게 만들어 그것들이 메시지를 뒷받침하고 청중의 주의를 집중시키도록 하는 방법을 논의할 것이다. 마지막으로 줄거리를 구체화하는 비주얼의 디자인에 대한 방법을 제시할 것이다.

Say it with Presentations

메시지를 결정하라

의뢰인이 지난 6개월간 당신이 작업한 프로젝트에 대해 임원 회의에서 프레젠테이션을 해달라는 요청을 했다고 가정해보자. 세부 사항을 논의하던 의뢰인은 이것이 중요한 회의라고 생각하여 프레젠테이션에 4시간을 배정했다.

당신은 4시간짜리 프레젠테이션을 준비하기 시작했다. 4시간 동안 보여줄 OHP 필름만 해도 거의 60센티미터 높이이다. 당신은 그 필름을 아슬아슬하게 들고 회의실 탁자에 내려놓았을 때 의뢰인이 말한다.

"이런, 미안합니다. 제가 4시간이라고 말했는데, 지금 회사에 큰 문제가 발생해서 1분밖에 줄 수가 없겠군요."

'1분이라고!' 미치기 일보 직전이다. 이제 그 누군가가 거의 듣지 못하는 작은 목소리로 알고 있는 모든 욕설을 뱉어 내는데 30초가 지나갔다. 남은 30초 동안 4시간짜리 프레젠테이션을 요약해야 하는데 당신은 무엇을 말하겠는가? **바로 당신의 메시지이다.**

당신이 준비한 프레젠테이션이 얼마나 복잡한 것인지는 중요하지 않다. 불가피한 상황이라도 30초에서 1분 이내에 요약하지 못할 것은 없다. 텔레비전 광고는 우리가 매일 접하게 되는 커뮤니케이션의 가장 강력한 형태 중 하나이며, 광고 대부분이 30초 안에 끝난다나처럼 광고를 만드는데 필요한 재능, 독창성―물론 돈도―의 중요성을 인정하리라 생각한다. 그 모든 것이 30초짜리 메시지를 위해서이다. 광고는 재기 넘치는 표현 방법이다. 그것들을 꼭 연구하라.

메시지를 결정하기 위해서는 자동차 범퍼에 스티커를 붙이는 것과 같은 마음가짐이 필요하다.

> 브롱크스에서 오셨으면 경적을 울리세요.

독자의 흥미를 유발하는 신문의 헤드라인 같은 메시지도 좋다.

> 유럽 항공 요금 추락 시작.

위의 예를 좋은 출발점으로 삼을 수 있지만, 비즈니스 프레젠테이션에서는 메시지를 충분히 확장하여 문제를 해결하는 데 필요한 세부 사항까지 청중을 유도해야 한다. 바로 메시지는 당신이 면밀히 조사하도록 요청받은 질문에 대한 답이 될 수 있다. 그것은 프레젠테이션을 통합하는 요소로서, 문제의 원인과 핵심이 1분 분량으로 설명되어 있어야 한다.

> 국내에서의 성장 가능성이 한계를 보이는 상황을 극복하기 위해 ○○회사는 미국 시장에 도전하기 위한 노력을 끊임없이 해야 한다.

프레젠테이션의 줄거리를 발전시키는 동안 메시지를 적어 눈에 띄는 장소에 붙여 놓아라. 당신이 메시지에 대해 청중에게서 이끌어 내고자 하는 조치, 즉 당신의 목표와 메시지가 결합되어 프레젠테이션을 성공으로 이끄는 데 당신의 에너지를 집중하게 할 것이다.

만약 당신이 내게 1분을 주고 프레젠테이션을 더 큰 성공으로 이끌 수 있는 단 하나의 제안을 내놓도록 한다면, 나는 다음을 제안하겠다.

"오늘 저에게 시간이 1분밖에 주어지지 않았다면, 이 프레젠테이션을 다음과 같이 요약하겠습니다"라는 말로 프레젠테이션을 시작한 후, 당신의 메시지를 말하라. 그리고 "다행스럽게도 여러분은 제게 4시간을 할애해주셨기 때문에 앞으로 3시간 59분 동안 여러분에게 모든 사항을 말씀드리겠습니다"라고 서두를 마무리하라.

이 접근방법을 사용하면 절대 3시간 59분짜리 프레젠테이션을 할 필요가 없을 것이다. 당신이 프레젠테이션을 준비하는 데 쏟아 부은 모든 노력을 생각한다면 이 같은 결과를 불만스러워 할지도 모른다. 그러나 당신의 청중이 얼마나 고마워 할지 생각해보라.

이 방법을 더 자주 사용하되 나머지 시간을 질문에 답하는 데 할애한다면, 프레젠테이션은 더 빨리 끝나고 청중 가운데 누구도 그것에 대해 불평하지 않을 거라 믿는다.

Say it with Presentations

줄거리를 정교하게 짜라

프레젠테이션의 줄거리에 대해 논의할 때가 되면 나는 아마데우스 모차르트를 질투하는 안토니오 살리에리가 된 기분이다. 이때 모차르트는 《피라미드 원리》의 저자이자 창설자인 바바라 민토이다. 나는 이 책을 읽어보기를 권한다.

여기서 저자는 사실과 의견을 종합하여 그것을 논리적인 결론에 이르게 하는 과정을 보여주고 있다. 지금 나의 목표는 구성에 관한 저자의 훌륭하고 검증된 견해를 반복하는 것이 아니라, 당신이 일단 정한 결론을 어떻게 배치할 것인지에 대해 내가 관찰하고 경험해온 바를 공유하고자 하는 것이다.

계획안을 보고해야 될 때가 되면, 우리는 결론 및 제안을 도출하기 위해 사건의 연대기나 분석 순서 등 기존에 사용했던 문제 해결 방법을 재현하려는 경향이 있다. 내 경험으로는 당신의 제안(당신이 적은 메시지)으로 프레젠테이션을 시작하는 것이 가장 좋다. 그리고 남은 시간 동안 청중에게 그 제안이 왜 당신이 해결하도록 요청받은 문제에 대한 최선의 해결책인지 설명하라. 두 방법의 차이를 보여주는 간단한 예를 들어보자.

다음은 루시라는 소녀가 친구 셜리에게 보낸 편지이다. 잠깐 동안 셜리가 되어서 루시가 무슨 말을 하고 싶어 하는지 생각해보기를 바란다.

안녕, 셜리.

지난 토요일 오후, 내가 남자친구와 공원에서 놀고 있을 때 너도 들렀던 것 기억할거야. 남자친구가 말하길 내가 뒤돌아 있을 때 네가 그에게 키스했다면서?

그리고 일요일에 네가 우리 집에 놀러 왔을 때 엄마가 점심으로 참치 샐러드를 만들어줬더니, 너는 "윽, 지금까지 먹어본 샐러드 중에 최악이야!"라고 말했지.

그리고 어제는 우리 집 고양이가 네 다리에 비비니까 넌 고양이를 발로 차면서 너희 집 개 몬스터를 풀어놓는다고 겁줬지.

이 모든 일 때문에 나는 네가 싫어. 더 이상 친구로 지내고 싶지 않아.

루시

지난 토요일에 무슨 일이 있었는지 첫 번째 단락을 읽으면 알 수 있지만, 편지가 어떻게 끝나는지 분명히 알 수는 없다. 그래서 일요일의 일을 쓴 두 번째 단락을 읽고, 그 다음 어제 무슨 일이 있었는지를 읽는다. 이렇게 첫 번째 단락을 두 번째, 세 번째 단락과 연결하면 편지가 어떻게 최후의 통첩에 다다르는지 알 수 있다.

이것이 사건을 발생한 순서대로 나열한 연대기이다. 만약 위의 편지를 결론부터 다시 쓸 경우, 편지의 요점이 얼마나 더 명확하게 전달되는지, 편지가 얼마나 더 효과적이고 단순해지는지, 얼마나 더 강력한 효과를 갖게 되는지 확인해보자.

안녕, 셜리.

나는 네가 싫어. 이유를 말해 줄게.

1. 너는 내 남자친구를 가로챘어.
2. 너는 우리 엄마를 모욕했어.
3. 너는 우리 고양이를 겁줬어.

친구 사이처럼 사교적인 관계라면 이런 퉁명스러운 방법을 권하지 않겠지만, 이 원칙을 비즈니스에 적용해보자. 이제 우리는 미국 시장 진출 여부를 결정해야 하는 영국 은행의 경영진에게 발표할 프레젠테이션을 준비하고 있다.

다음과 같은 게임에 참여해보자. 나는 당신을 경영진의 한 사람으로 임명할 것이다. 당신이 치러야 하는 대가는 프레젠테이션 내내 또는 최소한 개요를 설명할 동안 자리에 앉아 있어야 하고, 제안이 괜찮은 것인지 아닌지와는 상관없이 다음 중 어느 것이 메시지를 확신하게 전달하는지 당신이 판단하는 일이다. 개요는 전체 프레젠테이션보다 훨씬 간결하다는 사실을 염두에 둬라. 프레젠테이션은 개요의 각 진술들을 뒷받침하기 위한 사실들을 포함하기 때문이다.

미국 시장에 진출하는 것이 현명한지 아닌지를 결정하기 위한 문제를 해결하려는 접근방식을 반영하는 개요부터 살펴보자. 결론이 어디에 위치되어 있는지 생각한다. 그리고 발표자의 제안에 '찬성'인지 '반대'인지 확실하게 깨닫는 부분에서 고개를 끄덕이면 된다.

목표   ○○은행이 미국 시장을 새로운 기회로 삼는 것이 필요한지 결정하기 위하여

주제 A   **세계 경제에서 미국의 역할**
근거   1. 세계 GNP 가운데 가장 큰 비중

		2. 최대의 무역 규모
		3. 해외투자가 증가할 것으로 예상
주제 B		미국 산업의 수익 증가
	근거	4. 엄격한 비용 관리
		5. 확고한 경쟁력
		6. 기타
주제 C		진입 장벽 극복
	근거	7. 분할된 시장
		8. 외국 문물을 쉽게 수용하는 고객
결론 요약		A. 미국은 세계 경제를 주도하고 있다.
		B. 미국 산업의 수익성이 높다.
		C. 진입 장벽은 극복할 수 있다.
제안		진출하라!

당신은 결론에 이르러서야 발표자가 어떤 방안을 추천하는 것인지 확실히 알 수 있을 것이다. 이것과 관련해서 프레젠테이션이 정상적으로 진행된다면 청중이 발표자의 의도를 이해하는 데 최소한 45분, 어쩌면 훨씬 더 걸릴지도 모른다.

게임을 계속해보자. 이번에는 셜리에게 보낸 두 번째 편지를 생각하면서 프레젠테이션을 준비했다. 다시 한번 개요를 읽으면서 발표자의 제안이 무엇인지 이해했을 때 고개를 끄덕여보라.

제안	○○은행은 미국 시장을 기회로 잡기 위한 노력을 계속해야 한다.
예비 결론	A. 미국은 세계 경제를 주도하고 있다. B. 미국 산업의 수익성이 높다. C. 진입 장벽은 극복할 수 있다.
결론 A 근거	미국은 세계 경제를 주도하고 있다. 1. 세계 GNP 가운데 가장 큰 비중 2. 최대의 무역 규모 3. 해외투자가 증가할 것으로 예상
결론 B 근거	미국 산업의 수익성이 높다. 4. 엄격한 비용 관리 5. 확고한 경쟁력 6. 기타
결론 C 근거	진입 장벽은 극복할 수 있다. 7. 분할된 시장 8. 외국 문물을 쉽게 수용하는 고객
제안	진출하라!

이번에는 이해가 금방 되었다. 그리고 당신은 발표자의 제안을 즉시 알 수 있었다.

단지 당신은 제안이 무엇인지 너무 일찍 알았기 때문에 확실히 납득하지 못한다. 그래서 프레젠테이션의 나머지 부분은 이 역할을 수행하도록 설계된다. 즉, 발표자의 제안으로 이어지는 결론들과 그 결론을 뒷받침하는 근거들을 제시하는 것이다.

그러나 당신은 결론이 무엇인지 알고 있기 때문에 해당되는 근거를 들으면서 그 근거의 타당성을 평가할 수 있다. 청중은 단순히 사실의 수동적인 수령자가 아니라 판단을 내리는 과정에 있어서 능동적인 참가자이다.

물론 당신은 의문을 가질 것이다. 만약 청중이 동의하지 않는 분위기라면? 만약 그들이 듣고 싶어 하는 해결책이 아니라면? 만약 그들이 적대적이라면? 만약 당신이 평생 동안 객관적 사실―결론―제안 순서에 익숙한 사람들과 일하고 있다면?

그렇다면 한 가지 방법은 결론을 약간 늦춰서 제시하는 것이다. 다만 결론을 가장 마지막까지 아껴두지 말고 다음과 같이 각 부분의 마지막에 제시하라.

목표	○○은행은 미국 시장을 기회로 잡기 위한 노력을 계속해야 한다.
예비 주제	A. 미국 경제의 강점 B. 수익 잠재력 C. 실현 가능성
주제 A	미국 경제의 강점
근거	1. 세계 GNP 가운데 가장 큰 비중 2. 최대의 무역 규모 3. 해외투자가 증가할 것으로 예상

| 결론 A | 미국은 세계 경제를 주도하고 있다. |

주제 B	수익 잠재력
근거	4. 엄격한 비용 관리
	5. 확고한 경쟁력
	6. 기타

| 결론 B | 미국 산업의 수익성이 높다. |

주제 C	실현 가능성
근거	7. 분할된 시장
	8. 외국 문물을 쉽게 수용하는 고객

| 결론 C | 진입 장벽은 극복할 수 있다. |

결론 요약	A. 미국은 세계 경제를 주도하고 있다.
	B. 미국 산업의 수익성이 높다.
	C. 진입 장벽은 극복할 수 있다.

| 제안 | 진출하라! |

  결론을 각 부분 마지막에 배치하면 필요한 상황에서 프레젠테이션의 목적을 효율적으로 달성할 수 있다. 그럼에도 불구하고 나는 프레젠테이션의 90퍼센트 이상은 당신의 제안 또는 결론으로 시작하는 것이 훨씬 낫다고 생각한다. 청중이 어떤 반응을 보일지 걱정된다면 결론과 제안을 프레젠테이션 마지막까지 보류해야

할지도 모른다.

그러나 이것은 최선의 방법이 아니다. 청중들이 반대하리라는 것을 아는 경우에도 서론에서 다음과 같이 말하는 것이 좋다.

"안녕하십니까? 제가 지금 하려는 제안을 여러분은 좋아하지 않으리라는 것을 알고 있습니다. 그러나 우리 팀은 오랜 시간에 걸쳐 이 문제를 고찰했다는 점을 알아주시기 바랍니다. 우리는 모든 가능한 선택을 검토했고 오랫동안 각각의 장단점에 대해 논의했습니다. 다른 해결책이 있다고 생각했다면 여러분께 이 방법을 제시하지 않았을 것입니다. 우리는 미국 시장에서의 성장 기회에 도전하기 위한 노력을 계속 진행할 것을 권고합니다. 프레젠테이션의 나머지 시간 동안 그 이유를 설명하겠습니다."

다시 말해 청중에게 당신이 그들의 반응을 예상하고 있고 그들의 감정을 민감하게 고려하고 있다는 점을 느끼도록 하라. 당신이 청중의 입장이 되었다고 가정하고 서론을 들어본 후 어떻게 느낄지 생각해보라.

결론과 제안을 맨 앞에 놓을까? 중간에 놓을까? 마지막에 놓을까?

이에 대한 답은 당신이 상황을 어떻게 정의하고, 특히 청중이 얼마나 쉽게 받아들일 것인지를 예상하는가에 달렸다. 일단 이 문제를 결정하고 나면 프레젠테이션의 범위를 정할 서론과 결말을 구성할 준비가 된 것이다.

서론을 작성하라

Say it with Presentations

　최근에 했던 비행기 여행을 생각해보라. 비행기에 올라타고 난 후 몇 분 동안 승무원이 비행기의 안전 수칙을 설명할 때 당신은 무엇을 하는가? 당신이 나 같은 사람이라면 그동안 아무 생각도 없을 것이다. 당신은 눈을 감고 아무 생각 없이 잠을 청할 것이다. 프레젠테이션에서도 마찬가지이다. 프레젠테이션의 서론은 자장가와 같다.

　만약 기장이 다음과 같은 방송을 한다면 무슨 일이 생길까?

　"승객 여러분, 비행기 오른쪽 창을 내다보시면 4번 엔진이 불타고 있는 것을 볼 수 있을 겁니다."

　당신은 바로 제정신이 들 것이다.

　이것이 서론이 할 일이다. 서론은 청중의 마음에 불을 지펴 그 자리에 있고자 하는 열의를 자극해야 하며 앞으로 어떤 진행이 일어날지 예상하게 만들어야 한다.

　불을 붙이는 방법을 찾는 것은 당신의 상상에 맡긴다. 프레젠테이션의 내용을 소개하는 서론에 대해 나는 **PIP 공식**을 사용한다.

- P(purpose, 목적) 당신은 왜 이 프레젠테이션을 하는가? 우리는 왜 이곳에 왔는가? 프레젠테이션이 끝났을 때 어떤 성공을 기대할 수 있는가?
- I(importance, 중요성) 오늘 우리가 이 목적을 달성하는 것이 왜 중요한가? 당면한 문제와 이 프레젠테이션은 어떤 관련이 있는가? 어느 정도 긴급한 문제인가?
- P(preview, 미리보기) 프레젠테이션이 어떤 방법으로 구성되었는지, 우리가 프레젠테이션을 하는 동안 무엇을 기대해야 하는지 미리 예측할 수 있도록 하라. 지금 어느 부분을 하고 있는지 질문하는 대신 내용에 집중할 수 있다.

당신은 PIP 공식의 요소를 어떤 순서로도 제시할 수 있다. 그 순서는 당신이 확고히 할 필요가 있다고 느끼는 순서에 따라 결정된다. 예를 들면 다음과 같이 말할 수 있다.

목적: "오늘 나의 목적은 당신이 프레젠테이션을 할 때 느끼는 신경과민을 극복하도록 돕는 실용적 방법들을 말씀드리는 것입니다." **중요성:** "지금이 이 프레젠테이션을 하기에 적절한 때입니다. 당신은 다음 주에 시의회를 대상으로 당신의 제안을 발표할 것이기 때문입니다." **미리보기:** "우리가 함께 하는 동안 성공적인 프레젠테이션을 계획하고 준비하고 전달하는 데 필요한 단계에 대해 논의하겠습니다."

또는,

중요성: "당신은 다음 주에 시의회를 대상으로 당신의 제안을 발표하도록 초대받았습니다." **목적:** "그래서 다음 한 시간 동안 프레젠테이션을 할 때 느끼는 신경과민을 극복하기 위한 실용적인 방법들을 알려드리겠습니다." **미리보기:** "프레젠테이션을 계획하는 방법에 대해 먼저 논의하고, 그것을 준비하는 데 관련된 단계들에 이어 그것을 성공적으로 전달하기 위한 아이디어로 끝마치겠습니다."

또는,

미리보기: "이 프레젠테이션에서 나는 프레젠테이션을 계획하고 준비하고 전달하는 데 필요한 단계들을 설명할 것입니다." **목적:** "당신도 알다시피 프레젠테이션 발표는 막대한 신경성 긴장을 일으킬 수 있습니다. 따라서 나의 목적은 우리가 논의할 단계들이 어떻게 신경성 에너지를 처리하는지 보여주는 것입니다." **중요성:** "당신은 다음 주에 시의회를 대상으로 당신의 제안을 발표하도록 초대받았기 때문에 이 논의는 지금이 가장 적절합니다."

PIP의 서론을 어떻게 구성할지 생각할 때는 청중들이 당신의 프레젠테이션을 듣기 위해 자리에 앉아 있는 동안 마음속으로 저마다 중요한 문제를 생각하고 있다는 사실을 기억하라. 서론은 그들의 시선을 당신이 보여주려는 내용으로 이동시킬 수 있도록 구성되어야 한다. 청중들이 당신의 프레젠테이션에 대해 자신들의 시간과 주의를 투자할 만큼 가치가 있다고 느끼게 하라.

흐름과 어조에 대해 확인하기 위해 서론을 미리 써보는 것도 좋은 생각이다.

Say it with Presentations

결말을 계획하라

청중을 바로 미소 짓게 만드는 방법으로 "그리고 요약하자면…"이라는 말보다 더 효과적인 것도 드물 것이다. 당신의 프레젠테이션이 명확하고 흥미로우며 잘 구성되었다고 하더라도 청중은 각자의 용무로 돌아갈 수 있다는 사실에 감사할 것이다.

서론과 마찬가지로 결말은 청중의 관심이 최고조에 달하는 부분이다. 효과적인 결말을 위해 다음의 방법을 추천한다.

1. 프레젠테이션에서 강조한 사항들 *결론, 추세, 논거 등*을 요약하라.
2. 당신의 제안을 다시 한번 명쾌하게 설명하라 *그것은 프레젠테이션의 가장 중요한 메시지로 소개했음을 기억하라.*
3. 실천 프로그램을 *제시하라.* 당신이 당신의 제안을 이행하기 위해서 무엇이 필요한지 미리 고려했다는 사실을 알게 되면 청중은 더 쉽게 그 제안에

동의한다. 제안을 실현하기 위해 필요한 구체적인 단계나 조치들을 제시하는 도표를 보여줘라. 각 단계를 누가 맡을 것인지 밝혀라. 각 단계에 얼마나 많은 시간이 소요되고 결과적으로 최종 달성까지 어느 정도 시간이 걸릴지를 제시하라. 각 단계에 드는 비용과 총비용이 얼마인지 제시하라.

4. *제안을 실현하기 위한 동의와 책임을 요구하라.* 프레젠테이션 중 고개를 끄덕이는 것이나 "이해한다" 등의 말을 '동의한다'는 의미로 착각하지 말라. 과감하고 직접적이며 구체적으로 요구하라. "오늘 우리의 목표는 여러분이 일하고 있는 부서의 비용을 30퍼센트 절감하는 데 여러분의 동의를 얻는 것입니다. 그렇게 하여 분기별 회계가 끝날 때 결과를 볼 수 있도록 기대해도 되겠습니까?" 만약 청중이 동의하지 않는다면, 그들의 승인을 얻기 위해 무엇이 필요한지 토의를 시작하라.

5. *'다음 단계들'로 끝내라.* 프레젠테이션 중 서로 승낙한 사항들을 요약하라. 예를 들어 청중 가운데 누군가가 특별한 분석을 요구했거나 당신이 추가적인 정보가 필요했을 수도 있다. 마지막에 이를 반복하여 당신이 그것을 들었음을 관련된 사람들이 확인하게 하라. 또한 다음 회의나 프레젠테이션을 위한 동의를 구하라.

프레젠테이션은 반드시 마지막 말까지 다하고 끝낼 수 있는 것은 아니다. 한 번의 프레젠테이션은 당신과 청중의 관계를 확립하는 일련의 사건들 가운데 단 하나의 사건일 때가 많다. 결말은 모든 사람들이 앞으로 함께 일하기를 기대한다는 신호를 보내야 한다.

Say it with Presentations

상상력으로 말하라

세상에는 그리고 당신의 청중 가운데 말로 듣거나 숫자로 된 표를 봐야만 메시지를 이해할 수 있는 사람들이 있다. 시각적 이미지를 사용하면 당신의 메시지를 설득력 있게 전달하고 관련성을 더욱 분명하게 표현하며 청중에게 좀 더 신속하게 영향을 줄 수 있다.

《맥킨지, 차트의 기술》에서 나는 모든 비즈니스 프레젠테이션에서 강력한 비주얼을 만들기 위한 로드맵을 제시했다. 비주얼 대부분은 다음 페이지에서 묘사하고 있는 세 가지 기본 범주로 구분된다.

텍스트 비주얼은 전형적으로 대상what과 이유why를 설명하기 위해 사용된다. 데이터 비주얼은 수치를 전달하기 위해 사용되고, 개념 비주얼은 조직이나 흐름 또는 기타 개념이나 작용을 묘사한다.

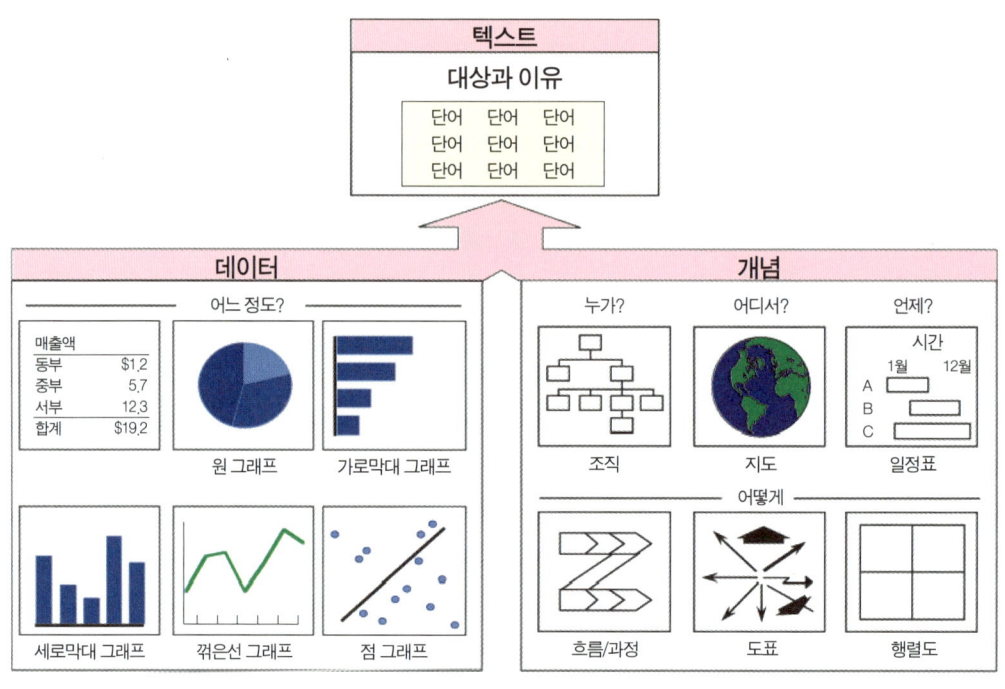

잘 그려진 차트와 텍스트 페이지는 대부분의 프레젠테이션에서 효과적이다. 그러나 발표자는 청중의 주의를 끌고 유지하기 위해서 그 이상의 것을 해야 할 때가 있다는 사실을 인정해야 한다.

오늘날, 독창성과 자극에 대한 청중의 기대는 그 어느 때보다도 높고 주의력의 시간은 더 짧아졌다. 우리의 의식은 새로운 오락의 원천과 수많은 웹 사이트, 매우 전문화된 잡지, 그리고 특정분야를 다루는 케이블 TV에서 얻은 정보에 젖어 있다. 결과적으로 발표자는 청중을 고무하여 그들이 자기만족에서 벗어나 중요한 변화를 받아들이게끔 감동시키는 것이 어렵다는 사실을 알고 있어야 한다.

이 난제를 풀기 위해서는 상상력을 펼쳐 평범함을 능가하는 독창적인 비주얼을 창조해야 한다. 다행스럽게도 이것을 위한 도구가 당신 손안에 있다. 사실 그것은 시각적 비유, 유머, 그림, 음악 같은 친숙한 것들이다. 내가 당신께 전하고 싶은 요령은 그것들을 새롭고 혁신적으로 사용하는 방법이다. 간단한 예를 들어보자.

농촌에서 도시로의 인구이동						
					미국 인구 중 비율(%)	
	과거	중간				현재
농촌	70	60	60 55 50	45		40
도시	30	35	40 45 50	55		60

우리의 목표가 혼수상태에 빠져있을지도 모르는 소비재 회사에게 시간에 따라 농촌에서 도시로 인구가 이동하는 상황하에서 신상품 라인을 도입하도록 설득하는 것이라고 해보자예를 들기 위해 지어 낸 데이터이다.

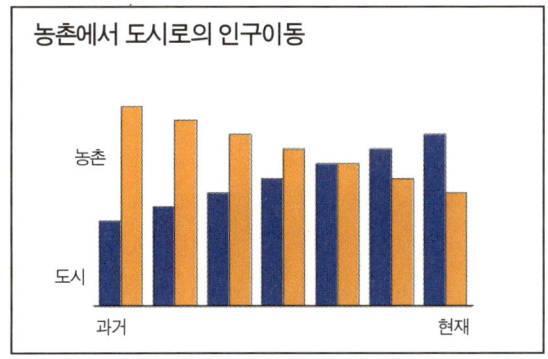

당신은 왼쪽에서 진부한 방식의 세로막대 그래프를 볼 것이다. 메시지와 관련된 것이지만 그리 눈에 띄지 않는다.

대신 차트의 배경에 사람들 사진을 넣는 화보적 접근 방법을 사용하면 어떨까? 나는 시각적으로 재미있다는 느낌을 받았는데 당신의 의견은 어떤가?

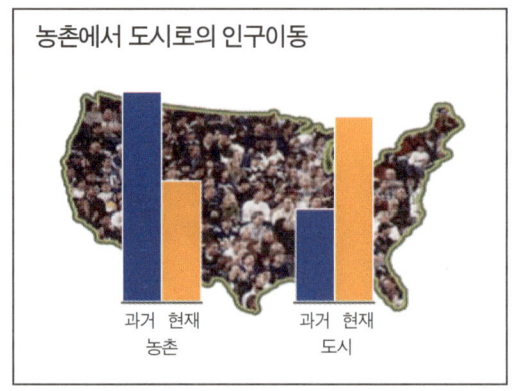

이들 방법은 데이터를 설명하고자 하는 목적을 수행하고 있지만 다음 예처럼 당신의 주의를 집중시키지는 못했을 것이다.

이것은 당신을 미소 짓게까지 만든다! 어떻게 시각화가 이루어졌는지 살펴보고 그 요점을 이해하게 만든다. 물론 실제적인 데이터를 나타내는 것은 아니다. 그러나 주제를 소개하기 위해 이것을 이용한다면 청중은 당신의 메시지를 뒷받침하는 차트에 훨씬 더 흥미를 느낄 것이다.

당신이 '상상력으로 말하기' 도전에 성공할 수 있도록, 나는 앞의 그림처럼 일상적인 도구를 상상력이 풍부한 방법으로 이용하기 위한 방법들을 제시하고 있다. 각 경우에 대해 상상력을 필요로 하는 비즈니스 상황을 묘사하고 해결책을 제시할 것이다. 당신 자신의 상상력을 자극하기 위해 사용할 수 있는 방법을 설명하고 연습 과제도 함께 실었다.

그러나 시작하기 전에 주의할 점이 있다. 여기에 실린 상상의 예들은 각 상황에는 적합하지만 그것이 당신의 상황에서도 효과적일지는 고려하기 바란다. 고정관념에서 탈피하는 것이 역효과를 낼 때도 있다. 예를 들어, 청중은 발표자의 상상을 눈길 끄려는 속임수나 시간 낭비라고 여길 수 있다. 심각한 문제에 직면했을 때 유머를 사용하는 것을 좋아하지 않을 수 있다.

따라서 이런 도구들을 사용하기 전에 당신의 목표를 분명히 설정하고 청중을 분석하여 그들이 당신의 상상력을 포용할 것이지 확실히 하라.

자, 이제 시작하자.

Say it with Presentations
비유로 말하라

예시 1

우리 회사는 다수의 경쟁사와 함께 여러 회사로 구성된 사업 경영진 정기총회에서 프레젠테이션을 하게 되었다. 모든 발표자의 목표는 기업을 위해 새로운 사업을 창출하는 것이다.

우리의 주제는 변동비용 조정, 문서작업 축소 등 수익을 내기 위한 새로운 방안을 찾아내는 것이다. 경쟁사들 사이에서 한층 눈에 띄어야 하기 때문에 우리는 신선하고 오래 지속되는 효과를 지닌 아이디어를 떠올리려고 모든 상상력을 동원했다. 우리는 문을 이용한 비유를 만들기로 하고, '새로운 수익을 향한 새로운 문'이라고 불렀다.

우리가 준비한 것은 지금 보고 있는 문의 비주얼이다. 우리는 발표자 연단으로 향하면서 그것들을 한 번에 하나씩 천천히 스크린에 영사하여 청중의 관심을 끌

수 있을 것이다. 발표할 준비가 되면 무엇을 논의할 것인지 밝히는 제목 슬라이드를 소개할 것이다. 그리고 우리 회사의 발표자들을 소개하기 위해 각자 발표할 주제와 함께 다른 문의 비주얼을 사용한다.

청중에게 배포하는 책자의 표지에 그 문들의 이미지를 삽입하여, 이 비유가 우리 회사의 이름과 함께 총회가 끝난 후에도 기억에 남도록 한다.

예시 2

우리는 일본 고객의 초대를 받아 도쿄에서 임원진을 대상으로 새로운 조직구조에 대한 우리의 제안을 발표하게 되었다.

청중을 분석한 결과, 그들은 프레젠테이션 중에 질문을 하지 않는 편이며, 신체적 반응이나 안면 반응조차 드러내지 않는 경향이 있다. 우리는 그들의 마음을 끌기 위해서 무언가 색다른 것을 해야 한다고 결정했다. 전통적인 조직도 이상의 비주얼이 필요하다는 사실을 깨달았다. 이때 비유를 이용하여 각기 다른 조직구조를 구별하는 방법이 떠올랐다.

첫째, 우리는 고정적이며 관료적이고 계층적인 조직을 묘사하기 위해 크렘린 궁전을 사용했다. 그리고 이것을 유동적이고 상호작용적인 조직을 암시하는 행성과 별의 움직이는 삽화와 대조했다.

2개의 극단을 제시한 후에, 우리의 실질적인 제안을 밝혔다. 그것은 두 경우의 중간쯤으로, 감독권의 단계는 축소하고 그 범위를 확대하는 구조였다. 청중을 고려하여 이 개념을 지금 보고 있는 동양식 탑 형상으로 설명했다.

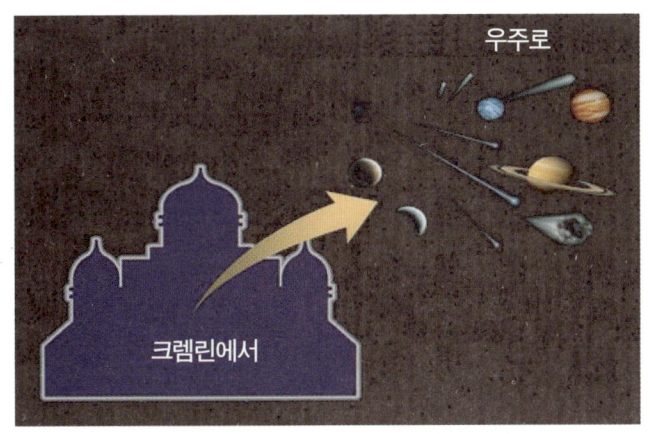

Say it with Presentations

예술로 말하라

예시 1

산업협의회에서 발표할 프레젠테이션에서 우리 회사의 발표자는 "조직은 구조가 아니다"라는 개념을 논의하고자 했다. 조직을 함께 묶는 것은 조직도의 네모 상자와 선이 아니라 그 상자들이 의미하는 사람들 사이의 보이지 않는 관계이다.

그래서 나는 미술 교사였던 과거로 돌아가 보았다. 에드가 드가Edgar Degas의 '플로렌스의 벨렐리 가족the Bellelli family of Florence' 초상화를 이용해 우리의 요점을 설명할 방법이 떠올랐다. 다음은 발표자의 말이다.

"지금 보시는 그림인 벨렐리 가족에서 에드가 드가 화가는 의자 다리, 책상, 난로, 거울로 연결되는 고정된 수직선을 이용해 가족의 여성 구성원들을 남성과 명확히 분리하고 있습니다. 여성 쪽에서 어머니의 성격에 주목해주십시오. 이것은 그녀의 자세가 연상시키는 고정된 삼각형으로 표현되고 있습니다. 또한 그녀의 그림자 안에 있는 딸이 만들고 있는 비슷한 삼각형 자세를 눈여겨 봐주십시오. 이제 아버지와의 대조에 주목하기 바랍니다. 아버지 쪽의 형태는 좀 더 원형적이고 색상은 소박합니다. 따라서 이 같은 구성은 그림의 가족이 단절되고 있음을 암시한다고 생각합니다. 그러나 아직 완전히 단절된 것은 아닙니다. 완전히 단절되지 않았다는 사실은 아버지가 가운데에 있는 딸과 나누고 있는 매우 확고하고 강렬한 시선에서 나타나고 있습니다. 이 시선은 다른 모든 면에서 가족을 둘로 나누고 있는 수직 경계를 뚫고 있습니다."

우리는 이 개념을 보강하기 위해 계속 진행했다. 하단에 보이는 비주얼을 통해 비즈니스 세계에 개념을 적용했다.

아래의 조직구조도와 관계표시선은 사람들의 이미지와 다른 사람과의 관계성이 박스 안에서 자연스럽게 교화되고 있음을 보여준다.

예시 2

우리 회사에는 "너 자신의 기업을 창립하라"라는 표현이 있다. 이것은 각자가 자신의 경력을 책임지도록 요구한다. 물론 여기에는 시간이 흐르면서 무엇을 하고 그것을 어떻게 실행할 것인지 변경하는 것도 포함된다.

우리 사무실이 철수를 위해 모였을 때 일정의 한 항목이 바로 이것을 실행하는 방법이었다. 사무실을 철수하려던 도시에서는 인기 있는 피카소 전시회가 열리고 있었다.

이 같은 예술적인 주제를 선택한 후, 우리는 피카소의 자화상을 스크린에 영사하면서 토의를 시작했다. 자기 자신을 재창조하는 개념을 나타내기 위해 한 번에 하나씩 자화상을 비췄다. 다음은 발표자가 자화상들이 돌아가는 동안 말한 내용이다.

"경력을 옮기면서 가끔 우리가 말하듯이, 우리는 우리 자신의 기업을 창립하거나 자화상을 그릴 수 있습니다. 새로운 산업을 배우고 새로운 지형을 연구하며 그 과정에서 우리 자신에 대해 더 많은 것을 발견할 수 있을 것입니다. 즉, 우리가 성취할 수 있는 지적 고지가 어디인지를 시험하고 혁신적인 교육 자료를 개발하거나 책을 쓰는 등 특정한 잠재된 재능을 발휘할 수 있게 됩니다. 우리는 이렇게 말할 특권이 있습니다. '26세 때 나는 은행산업에서 컨설턴트가 되고 싶다.', '37세인 지금은 리스크 경영 분야의 권위자가 되고 싶다.'"

Say it with Presentations

음악으로 말하라

우리 사무실의 매니저 중 한 명이 직원들에게 다가오는 신년에 중점을 두고 있는 것에 대해 말하고 있다. 그는 본인의 통찰력이 직원들에게 영감을 주기 바라며 프레젠테이션의 4개 장과 베토벤 9번 교향곡의 4악장을 동기화함으로써 고전 음악에 대한 그의 애정을 상기시켰다. 그는 주제의 음악적 연결을 다음과 같이 설명했다.

"내 메시지의 주제는 유럽 사무소들 간 협력이었고 민족주의적인 관점을 통한 유럽적 요소에 초점을 두었다. 한편 베토벤은 베네룩스와 독일, 오스트리아 간 문화적 교량을 잇는 것을 도왔다. 그의 조상이 플랑드르인이었고 그 자신이 인생 대부분을 본과 비엔나에서 살았기 때문이다. 추가적인 이점은 네 개의 주제가 교향곡의 네 개의 템포와 적절한 조합을 이루었다는 것이다."

그가 프레젠테이션을 위한 슬라이드를 준비할 때, 그것은 자연스럽게 음악적 형상을 연상하게 했고 옆에 보이는 구조적 비주얼을 만들었다. 그것은 프레젠테이션의 4악장을 미리 보여주는 것이었다. 그러고 나서 그는 각 장을 소개하면서 대응되는 악장 및 템포와의 관련성을 설명했다.

심지어 데이터 중 일부를 설명하는 데에도 음악적 주제를 계속 사용했다. 예를 들어 당신이 보고 있는 슬라이드는 시간에 따른 직원 수의 증가를 나타내고 있다.

그는 각 장의 끝에서 청중에게 4악장을 각각 발췌하고 들려줘서 메시지를 확실히 기억하도록 했다.

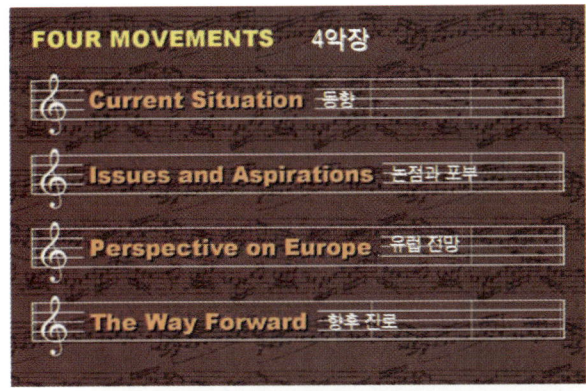

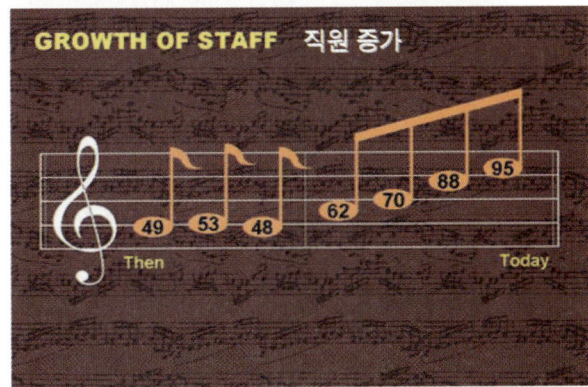

Say it with Presentations

유머로 말하라

이 책을 통해 당신은 내가 "나는 유머를 매우 진지하게 받아들인다"라고 말하는 것을 알게 될 것이다. 나는 오직 유머가 당신이 요점을 제시하도록 돕거나 상황에서 필요로 할 때, 개인적으로 그것을 말하는 것이 편안할 때에만 사용하도록 권한다.

다음은 유머가 효과적인 예이다. 발표자는 확실성이 어느 정도이든 미리 계획하는 것은 어렵다는 사실을 설명하고자 한다. 우리는 요점을 말하기 위해서 공주와 개구리 이야기를 이용했다. 그러나 거기에는 반전이 있었다.

슬라이드 1: 옛날 옛적에 공주가 살았습니다. 어느 날 공주는 성 밖으로 산책을 나갔습니다.

슬라이드 2: 공주가 갑자기 나타난 개구리를 봤을 때 얼마나 놀랐을지 상상해 보세요. 더군다나 그 개구리가 공주에게 영어로 말하기 시작했습니다. 공주가 얼마나 놀랐을까요? 여러분은 이 이야기를 알고 있겠지요?

슬라이드 3: 공주는 무릎을 꿇고 개구리에게 키스를 합니다.

슬라이드 4: 그리고 그들은 행복하게 살았습니다.

이 이야기에서 유일하게 다른 부분은 공주가 개구리로 변한다는 점이다! 그래서 뜻밖의 결말, 익살스러운 반전을 이용하여 완벽하게 예측 가능해 보이는 사건조차도 예기치 않게 변할 수 있다는 사실을 설명했다. 이 반전은 청중을 웃게 했을 뿐만 아니라 그들이 요점을 분명히 기억하도록 도왔다.

Say it with Presentations

애니메이션으로 말하라

파워포인트 같은 소프트웨어의 장점 가운데 하나는 애니메이션 기능이다.

우선 애니메이션을 오남용할 경우 주의를 흩뜨리게 할뿐만 아니라 청중이 성가시게 느낄 수도 있다는 점을 말하고 싶다. 그러나 그 용도가 제시하고 있는 요점에 직접적으로 관련이 있을 때에는 효과적일 수도 있다.

발표자는 어느 산업 집단을 청중으로 하는 프레젠테이션에서 수년 동안 상승하던 가격이 다수의 압력을 받으면서 급격히 하락하기 시작했다는 사실을 보여주려 한다.

발표자는 여기서 애니메이션을 효과적으로 사용했다. 가격이 상승하고 있음을 나타내기 위해 '위로 지우기' 애니메이션을 사용하고, '아래로 지우기' 애니메이션을 이용하여 차례로 각 압력들이 가격을 어떻게 낮추는지 보여주고 있다.

당신이 지금 보고 있는 비주얼들 사이에서 발표자의 분석을 뒷받침하는 근거를 상세히 제시하는 표와 차트를 보여줄 수 있다.

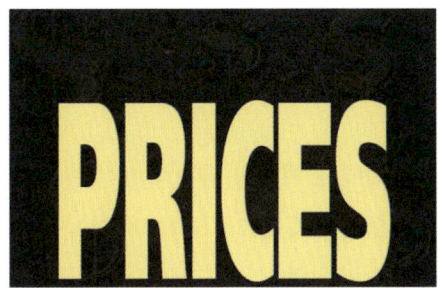

동료 중 한 명이 중역회의에서 보험 산업의 현 상황에 대해 프레젠테이션을 하게 되었다. 메시지를 소개하기 위해 그는 다음과 같은 이야기를 들려줬다.

"옛날 옛적에, 보험 산업 안에서 돈을 잃으려면 열심히 일해야 했습니다. 그것은 보험이 황금기로 불리던 시기였습니다. 그러나 금리가 하늘 높이 치솟았고 일련의 추세가 보험 산업을 맹렬히 억압하면서 상황은 점차 암울해졌습니다. 광명을 되찾기 위해서 보험 산업은 변화에 맞서야 합니다."

그가 말하는 동안 지금 보고 있는 움직이는 비유들이 스크린을 가로지르며 번쩍였다. 그것은 청중의 관심을 끌었다.

먼저, 행복했던 과거에서 스크린이 올라간다. 다음으로 금리가 폭발하고 가리개가 내려온다. 마지막으로 발표자는 광명을 되찾기 위해서 보험 산업이 무엇을 해야 하는지 제안하면서 가리개를 걷어 올린다.

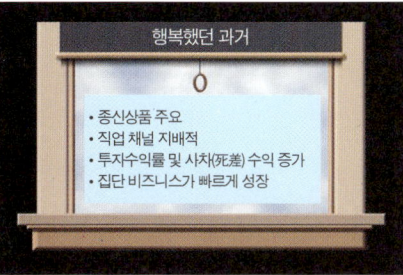
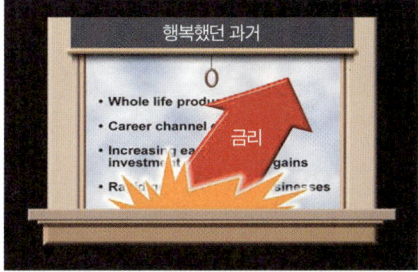
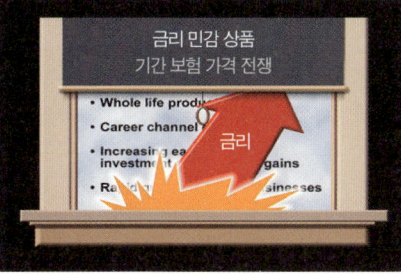
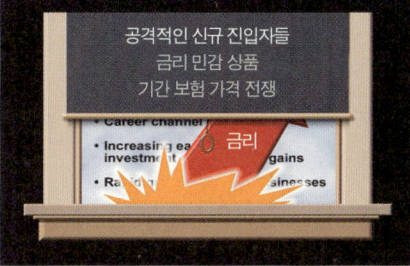
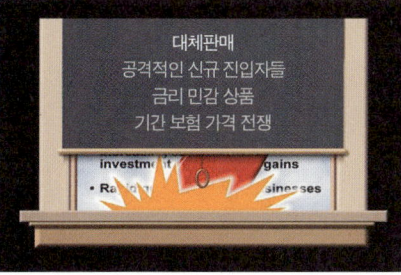
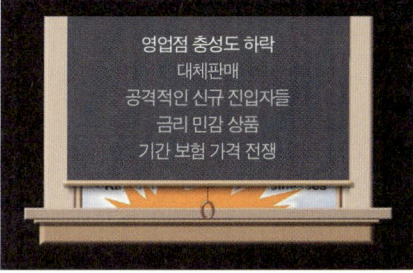
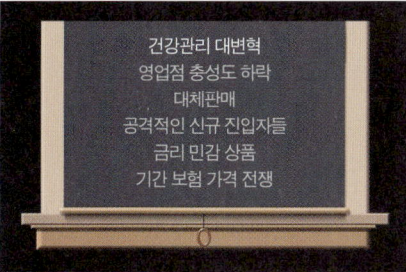
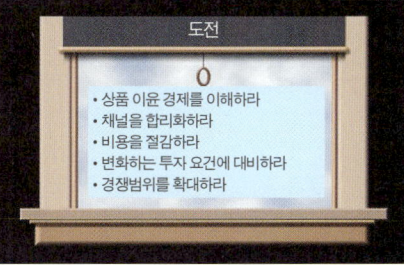

Say it with Presentations

이미지로 말하라

사업가들이 신문, 잡지, 사업 보고서, 프레젠테이션에서 매일 보는 모든 막대, 원, 꺾은선, 점을 이용할 때 위험스러운 점은 그것들이 모두 비슷해 보이기 시작한다는 사실이다. 그렇다면 두드러져 보이게 하기 위해 당신은 무엇을 할 수 있을까?

나는 많은 연차 디자이너들, 특히 눈길을 끄는 독창적인 이미지의 차트를 앞면에 싣는 일간 신문 『USA투데이』의 디자이너들을 신뢰한다.

다음은 이미지로 독자들의 흥미를 유발하기 위해 다섯 가지 기본 차트 형태원, 가로막대, 세로막대, 꺾은선, 점 그래프를 각각 어떻게 이용하는지 설명해주는 예들이다. 각 경우에 있어서 비결은 메시지를 시각화하는 것이다. 즉, 수치와 단어를 그것들과 대응되는 기호, 사진, 기타 이미지와 결합하여 단순한 수치와 단어 그 이상으로 나타내라.

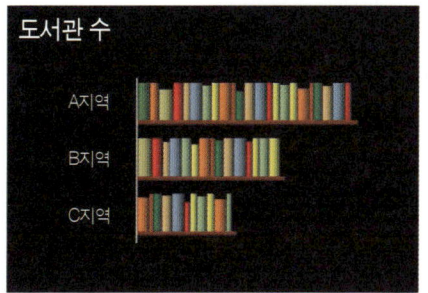

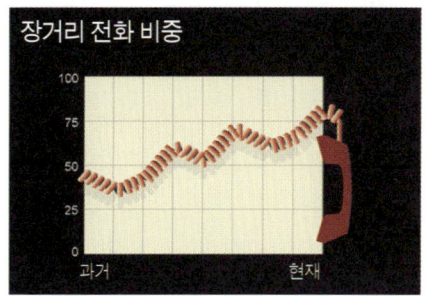

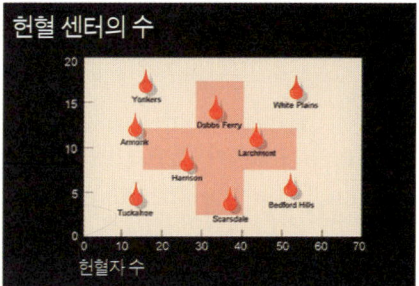

청중의 참여로 말하라

Say it with Presentations

　한 회사에서 직원을 대상으로 비공개 설문조사를 실시한 결과, 50퍼센트가 본인의 업무에 만족하는 반면 30퍼센트는 떠날 것을 심각하게 고려하고 있고 나머지 20퍼센트는 망설이고 있는 것으로 나타났다.

　경영자들은 이 결과로 인해 명백한 근로의욕 문제를 해결하기 위해 행동을 취해야 한다는 현실을 각성했다. 그들은 상황을 호전시킬 방안을 토의하기 위해 전 사원 회의를 소집했다.

　청중의 관심을 끌고 조사결과가 그들의 피부에 와 닿도록 하기 위해 우리는 세 가지 색깔의 야구 모자를 준비했다.

　만족하고 있는 직원 50퍼센트를 나타내는 초록색, 확실하지 않은 직원 20퍼센트를 나타내는 노란색, 그리고 퇴사를 고려하고 있는 30퍼센트를 나타내는 빨간색이 그것이다. 우리는 모자를 청중들 자리 아래에 두었다.

　우리는 주제와 연구결과를 소개하면서 모든 참가자들에게 의자 아래로 손을 뻗어 거기에 놓인 모자를 쓰도록 부탁했다. 그 모자가 각 개인의 생각을 나타내는지 여부는 중요하지 않다. 중요한 것은 각 집단을 일어서도록 하여 조사를 활기차게 만들고 민감한 주제를 소개할 기회를 제공했다는 점이다. 이 방법은 모든 사람들이 우리의 해결책을 듣고 싶게 만들었다.

Say it with Presentations
상상력은 어디에서 오는가?

이번 글을 작성한 후 동료들에게 읽어달라고 부탁했다. 많은 사람들이 말하기를 내게 이 같은 착상들이 떠오른 것은 자연스러워 보이지만 자신들에게는 그리 쉬운 일이 아니라고 했다. 나는 모든 사람들이 내가 생각해낸 것만큼 훌륭한 아이디어들을 전개시킬 상상력을 갖고 있다고 확고히 믿는다. 비결은 갇혀 있는 자신의 독창성을 풀어주고 소생시키는 것이다. 다음에서는 그렇게 하는데 효과가 있었던 방법을 소개하겠다.

1. *혼자 하지 말라.* 당신 주변의 동료들을 모아 아이디어들을 브레인스토밍 하라. 당신의 머릿속에 떠오르는 시각적 이미지와 함께 전달해야 하는 개념들을 자유연상하라. 아이디어에 대한 판단을 내리기 전에 먼저 모든 집단의 아이디어를 모았다는 사실을 확인하여 의견을 제시하는 데 주저하는 사람이 없도록 해라. 그렇지 않으면 누군가는 그것이 부적절하다고 생각하며 획기적인 이미지를

포기할지도 모른다. 이 단계를 진행하는 동안 다음의 다른 지침들을 명심하라.

2. *프레젠테이션의 구체적인 목표에 집중하라.* 예를 들어, 청중이 중대한 사안에 대해 긴급히 조치를 강구하도록 설득해야 한다면 신문, 잡지의 주요 기사를 보여주거나 주의를 끌어온 최근의 사업 견적을 제시한다.

3. *청중 개개인을 분석하고 그들의 배경에서 어떤 점이 독특한지, 그들의 공통 관심사가 무엇인지 파악하라.* 예를 들어, 그들이 모두 기술자라면 공학적인 비유를 사용하는 것을 고려하라. 그들이 모두 와인클럽에 속해 있거나 스포츠를 함께 즐긴다면 해당 활동에 대한 이미지를 사용하라.

4. *주제를 환기시키는 시각적 이미지에 집중하라.* 가령 항공 산업의 위상에 대해 논의할 예정이라면 비행기, 구름 또는 햇빛의 이미지를 사용할 수 있다.

5. *음악, 미술, 스포츠 또는 다른 산업의 혁신기업에서 얻은 영감을 참작하라.* 아이디어를 얻는 데 도움을 받기 위해 나는 사무실에 그동안 모은 이미지를 세 개의 파일로 나눠 보관하였다. 그리고 생각을 떠오르게 하기 위해서 이것들을 훑어본다. 첫 번째 파일에는 나의 주의를 끌었던 잡지, 신문의 사진들을 모았다. 두 번째 파일은 만화 모음이고 세 번째는 책에서 밑줄을 그어둔 지혜로운 어구들을 담아 두었다. 미래의 아이디어를 위한 투자로서 자신의 파일을 구성하기 시작하라.

6. *당신의 상상력에 도전하라.* 나는 아이디어를 짜내려고 애쓰면서 그중 상당수는 그저 갑자기 머릿속에 떠올랐다는 사실을 깨달았다. 그것들은 연역적 추리에 기초한 아이디어보다 훨씬 직관적이고 영감을 주는 것들이다.

이것을 염두에 두고, 상상력이 풍부한 아이디어를 생각해내는 개인적 능력을 고무하기 위하여 연습문제를 만들어놓았다.

다음 페이지에서 나는 여섯 개의 메시지를 제시할 것이다. 연필이나 펜을 들자. 크레파스가 있다면 더 좋다. 그리고 각 메시지에 대해 맨 처음으로 떠오르는 이미지를 스케치하라. 분명 바로 첫 번째 이미지여야 한다.

어른스러운 사고방식을 떨치도록 노력하고 어린아이처럼 생각하라. 이미지에 대해 곰곰이 생각하거나 완벽을 기하는 데 많은 시간을 소비하지 말라. 만약 대답이 얼른 떠오르지 않으면 그 메시지는 나중으로 미루고 다음으로 넘어가라. 가장 중요한 것은 생각하지 않고 떠오르는 대로 그저 실행해야 한다는 점이다. 그럼 시작하라!

나중에 당신이 그린 이미지를 예시들과 비교하라. 예시는 실제로 다른 사람들이 그렸던 그림들이다. 당신의 모든 비주얼이 다른 누구의 비주얼과 비교해도 뒤지지 않는다는 사실을 깨닫게 될 것이다. 이것은 얼마나 자신을 믿고 당신의 상상력을 훈련하는가에 달렸다.

1. 본 프로젝트는 5단계로 진행될 것이다.

2. 회사의 판매 기반은 1990년 이래 4배 확대되었다.

3. 두 위원회가 반대 방향으로 움직이고 있다.

4. 회사 직원의 연령분포는 경쟁사와 다르다.

5. 5개 프로그램이 서로 관련되었다.

6. 두 프로젝트 팀은 더 나은 결과를 위해 상호작용 해야 한다.

1. 본 프로젝트는 5단계로 진행될 것이다.

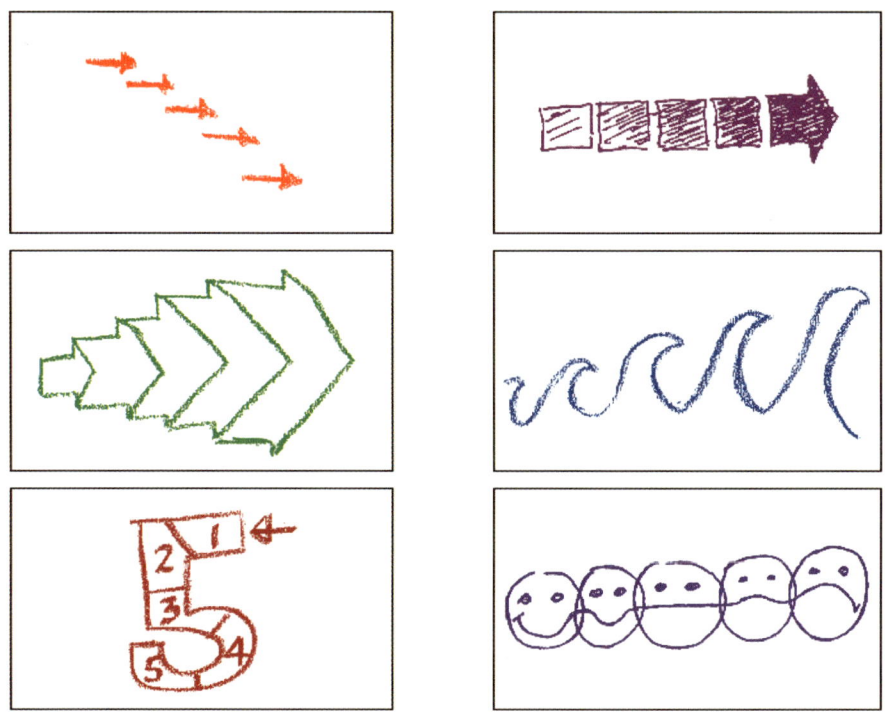

 화살표는 움직임과 방향을 상징하기 때문에 시간에 따른 연속적인 단계를 시각화하는 데 이상적이다. 화살표가 점점 커지는 이미지는 나중 단계가 초기 단계보다 영향력이 크거나 더 많은 활동을 수반하고 있음을 표현하고 있다. 파도 이미지에서는 변화에 기복이 있는 과정을 묘사하기 위해 비유를 사용했다.

 5개의 얼굴이 있는 마지막 이미지를 자랑해야겠다. 이것은 언제나 내가 마음에 들어 했던 이미지이다. 나는 이 이미지를 한 동료를 위해 그렸다. 그는 직원들이 특정 회사에 입사하면서 그들의 근로의욕이 어떻게 변화했는지 설명해야 했다. 각 얼굴은 입사 2개월 전, 2주 전, 입사 당일, 입사 2주 후, 입사 2개월 후를 나타낸다.

2. 회사의 판매 기반은 1990년 이래 4배 확대되었다.

　선 그래프든 세로막대 그래프든 상관없다. 각 경우에 청중은 위로 움직이는 무엇인가를 볼 수 있으며 그것이 바로 메시지이다. 마지막 비주얼은 돈 많은 임원의 자녀가 그렸으리라 추측한다.

3. 두 위원회가 반대 방향으로 움직이고 있다.

 단순한 화살표로 반대방향의 힘을 표현하는 것은 진부한 선택이다. 그러나 화살표를 더 독창적으로 사용하기 위해 당신이 처한 상황의 특징을 고려해보라. 첫 번째 예에서, 멀어지는 움직임의 충격이 시간이 흐르면서 점차 확대되고 있기 때문에 화살표의 크기도 점차 커지고 있다.

 다른 예에서 두 위원회는 잠시 함께 움직였다가 서로 갈라섰을 것이다. 따라서 화살표도 같은 형태로 그려졌다. 또 다른 예는 얼굴이나 인물을 나타내어 위원회에 개성을 부여했다. 분리되고 있는 음양의 형상은 분명히 설득력이 있을 것이다.

4. 회사 직원의 연령분포는 경쟁사와 다르다.

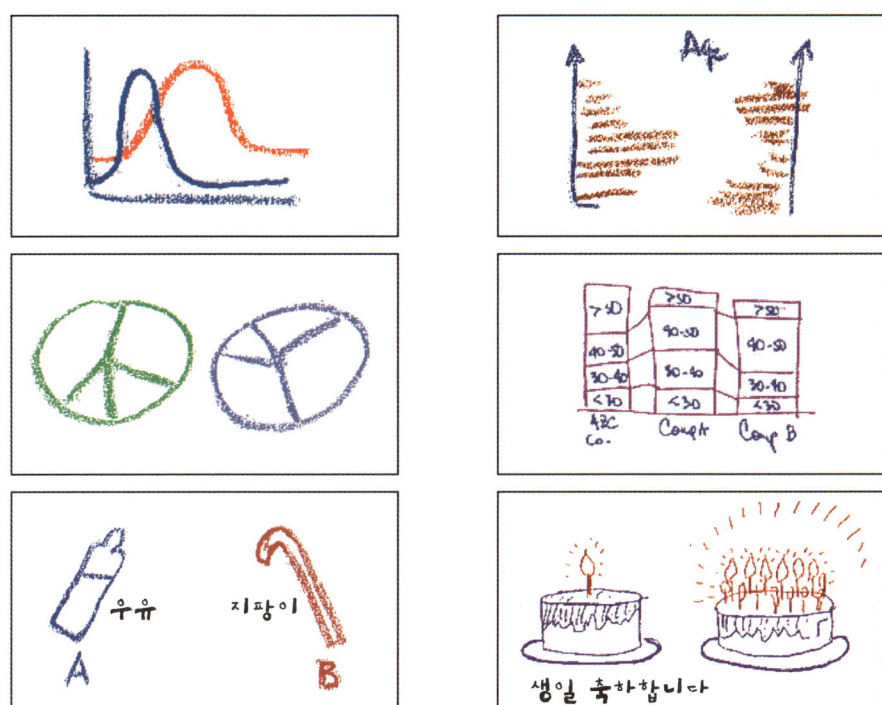

 여기서 꺾은선 그래프를 보여주든 세로막대 그래프를 보여주든 또는 원 그래프를 보여주든 그것은 중요치 않다. 위 이미지들은 모두 동일하게 나이 비교를 잘 나타내고 있다. 우유병 대 지팡이 또는 생일 초 등으로 이미지를 대조하면 숫자에 개성을 부여할 수 있다.

5. 5개 프로그램이 서로 관련되었다.

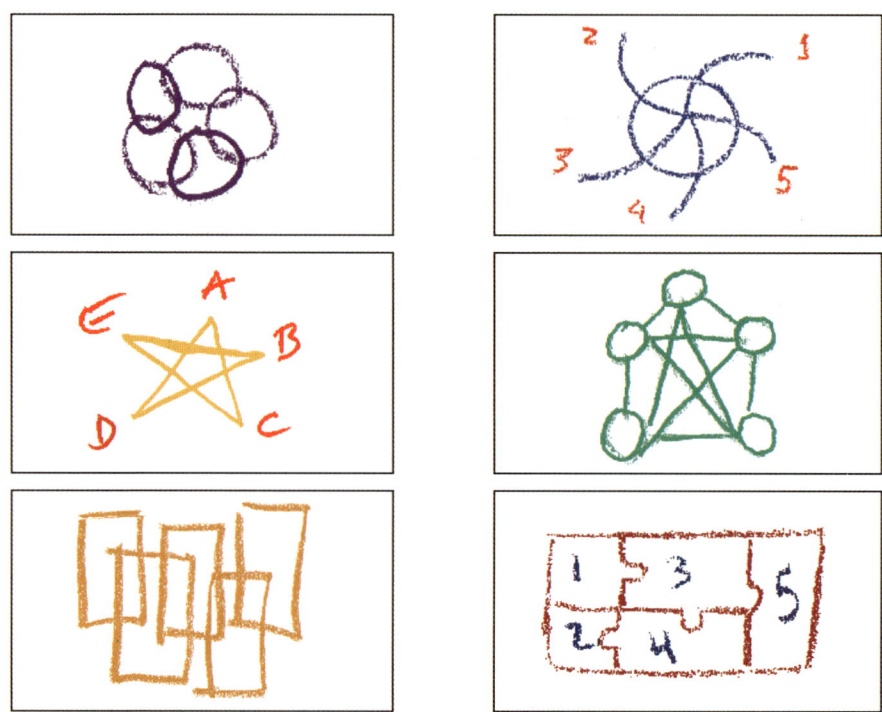

나는 상호관계성을 표현하기 위해 퍼즐 이미지를 여러 번 사용했다. 각 조각들을 독립적으로 논의할 수 있을 뿐만 아니라 조각들을 함께 보여주면서 성공적으로 함께 작용하기 위해 그것들이 어떻게 맞춰져야 하는지 설명할 수 있다.

겹쳐지는 블록이나 원을 사용하는 것도 효과적이다. 이미지가 겹쳐지는 공간에 상호관계성을 설명하는 텍스트를 삽입할 수 있다. 서로 영향을 미치는 과정을 나타내고 싶다면 세분화된 원을 사용하는 것이 좋다.

6. 두 프로젝트 팀은 더 나은 결과를 위해 상호작용 해야 한다.

위에서 제시한 이미지들은 상호작용이나 협력 개념을 명확히 표현하고 있다. 두 개의 삼각형이 다윗의 별로 합쳐지는 그림, 수렴하는 화살표, 1 더하기 1이 상승 효과를 일으켜서 둘보다 커지는 것을 보여주는 그림, 음과 양이 다시 한번 결합하는 형태 등 어떤 것도 좋다.

* * *

다음에 차트를 디자인할 때에는 당신의 논리뿐만 아니라 직관도 신뢰하기 바란다.

Say it with Presentations
문자 비주얼을 고안하라

잠시 과거로 돌아가자. 우리는 로마시대로 돌아가 마르크 안토니우스가 율리우스 카이사르에게 추도사를 바치기를 기다리고 있다. 안토니우스는 가장 좋은 토가를 차려입고 군중에게 발표하기 위해 광장의 계단을 올라가고 있다.

"어서 시작하시오, 안토니우스."

안토니는 시작한다.

"친구들이여, 로마 시민들이여, 잠시 그대들의 귀를 빌려주시오…"

그러나 이것은 평소 안토니우스의 열정적인 연설이 아니다. 대신 코린트 양식의 두 기둥 사이에 시트를 걸고 그 위에 연설문을 프로젝터로 비추고 있다. 그는 청중에

게 등을 돌리고 대본을 한 단어 한 단어씩 읽는다. 안토니우스가 대본을 읽기 시작하자 당신의 예상대로 로마 시민들은 그에게 등을 돌리고 집으로 향했다. 다시 현재로 돌아오자.

이것은 현대의 발표자들에게도 도움이 안 되는 프레젠테이션 방법이다. 그러나 여전히 이어져오고 있다. 이 방법은 자기 자신을 믿지 않거나 프레젠테이션보다 유인물에 더 신경을 쓰는 발표자가 원고를 작성하여 한 장씩 읽어나가는 것이다. 프레젠테이션이라기보다는 낭독에 가까운 방법이다.

다음 예를 살펴보자. 비즈니스 세계에서 너무나 흔히 접하게 되는 문자 비주얼의 전형이다.

조직상의 주요 문제점

현재의 주식 및 채권 관리 구조는 몇 개의 중요한 결함을 안고 있다. 이것들은 업무 책임의 대폭적인 재편성을 통해 수정되어야 한다.

1. 승인된 단일 지도부가 없다(운영위원회, CEO, CFO, COO 등).
2. 주요 활동이나 지리적 입지에 대한 권한과 책임의 선이 명확히 규정되지 않았다.
3. 생산 부서와 관리 부서 사이에 실질적인 갈등이 존재한다(가령, 누가 예상 목표를 결정하는가).
4. 회사활동의 여러 단계에서 각 지역 또는 지사에 어느 정도의 자치권을 부여할 것인지에 대해 충분한 고려가 없다. 각 지역의 권한을 기업 본부가 행사해야 하는가?

이것을 프레젠테이션의 비주얼로 사용하는 것이 왜 잘못인가? 문제는 그것을 발표하는 방법이다. 만약 비주얼에 나타난 그대로 글자를 읽는다면 청중들은 자신의 지능지수가 모욕당하고 있다고 느끼게 될 것이다. 그들 스스로도 똑똑히 읽을 수 있는 것을 당신이 읽어주고 있기 때문이다.

발표자가 선택할 수 있는 또 다른 방법은 '바꿔 말하기'이다. 바꿔 말하기의 문제점은 듣는 동시에 다른 것을 읽을 수 있는 사람이 몇 안 된다는 사실이다. 이 문제를 해결하기 위해서 발표자는 잠시 멈추고 청중들이 스스로 비주얼을 읽을 기회를 줄 수 있다.

이 방법은 종종 효과가 있을지도 모르지만 시간이 잠깐 흐른 후에는 회의실의 침묵이 어색하게 느껴진다. 게다가 우리처럼 천천히 읽는 사람들을 포함해서 전원이 모든 요점을 읽을 기회를 가졌음을 확인하려면 얼마나 오랫동안 입을 다물어야 하는지 판단하기 힘들다.

이런 문제점 때문에 문자 비주얼을 절대 사용해서는 안 된다는 말은 아니다. 문자 비주얼은 다음과 같은 상황에서 가장 효과적일 수 있다.

첫째, 복잡한 프레젠테이션이나 한 장章의 구성을 파악하는 데 도움이 될 때이다.

- ● 라이프코 사의 실적 개선 방안
  1. 산업 동향을 재조사하라.
  2. 라이프코의 실적을 평가하라.
  3. 사전 해결책을 제시하라.
  4. 다음 단계를 논의하라.

둘째, 세 가지 결론, 네 가지 추천 방안, 다섯 가지 논점, 향후 여섯 단계 등 중요한 개념들을 묶어서 제시할 때 효과적이다.

● 추천 방안

1. 관계 경영 시스템을 구축하라.
2. 전용 서비스 팀을 구성하라.
3. 영업소 네트워크를 재구성하라.
4. 소비자를 범주별로 조직하라.

앞에서 본 긴 문장의 문자 비주얼은 당신이 말하고자 하는 바를 분명히 알고 있음을 확인하고, 프레젠테이션 중에 참고할 메모 및 유인물에 담을 원본을 만들기 위해 필수적인 첫 단계이다. 이것은 변환 전 모습일 뿐, 다음 방법을 사용하여 간결한 프레젠테이션 비주얼로 전환하는 요령이 필요하다.

● 말해야 하는 것과 보여줘야 하는 것을 구분하라.
● '예를 들어', '즉' 등의 괄호를 사용한 설명을 삭제하라.
● 문장을 편집할 때 여덟 단어를 다섯 단어로, 다섯 단어를 네 단어로 하라.

긴 문장을 프레젠테이션에 적합한 짧은 문장으로 전환하는 과정에서 삭제 가능한 부분을 모두 표시했다.

조직상의 주요 문제점
현재의 주식 및 채권 관리 구조는 몇 개의 중요한 결함을 안고 있다. 이것들은 업무 책임의 대폭적인 재편성을 통해 수정되어야 한다.
1. 승인된 단일 지도부가 없다운영위원회, CEO, CFO, COO 등.
2. 주요 활동이나 지리적 입지에 대한 권한과 책임의 선이 명확히 규정되지 않았다.
3. 생산 부서와 관리 부서 사이에 실질적인 갈등이 존재 한다가령, 누가 예상

~~목표를 결정하는가.~~

4. 회사활동의 여러 단계에서 각 지역또는 지사에 어느 정도의 자치권을 부여할 것인지에 대해 충분한 고려가 없다. ~~각 지역의 권한을 기업 본부가 행사해야 하는가?~~

다음은 변환 후 모습이다.

조직의 문제점
1. 승인된 단일 지도부의 부재
2. 명확한 권한과 책임의 부재
3. 생산과 관리 사이의 갈등
4. 지역 자치권과 기업 권한

이제 당신은 더 이상 스크린의 단어에 사로잡히면 안 된다. 필요한 만큼 자세히 세부 사항을 설명하거나, 간략히 설명하는 것이 가능하다. 결과적으로 단어를 확인하기 위해 스크린을 쳐다보는 대신 청중에게 시간을 할애할 수 있게 된다. 또한 비주얼에 빈 공간이 생겨 읽기가 쉬워졌다.

그리고 더 나은 결과를 위해, 다음 단계로 넘어가 문자 비주얼을 이른바 구조 비주얼로 변환해보자. 차트, 단어가 개념들 간의 관계를 단지 함축하는 반면 비주얼은 그것을 밖으로 드러낸다.

예를 들어, 다음은 혁신의 4단계를 명시하고 있는 문자 비주얼이다.

혁신 과정
1. 비전을 창출하라.
2. 통찰력을 배양하라.

3. 우선순위를 결정하라.
4. 성공적으로 실행하라.

위 문자 비주얼은 충분히 효과적이다. 그러나 이것을 단계들 사이의 관련성을 나타내는 구조 비주얼로 표현하면 그 효과가 얼마나 더 향상되는지 주목하라. 다른 효과가 없다하더라도 좀 더 오래 기억될 비주얼이 만들어진 것이다. 프레젠테이션 중 다른 문자 비주얼 속에서 단연 인상적으로 기억될 것이다.

혁신 과정

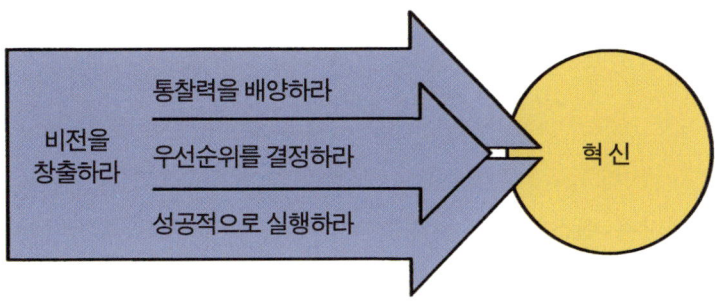

Say it with Presentations

읽기 쉽도록 만들어라

당신이 사용하는 차트, 이미지, 텍스트가 무엇이든 간에, 스크린에서 글자를 읽을 수 없다면 청중의 시간을 많이 낭비하는 것이다.

아래의 편지는 몇 년 전 내 친구가 받은 것이다 편지의 내용에 대해서는 약간 수정을 했다. 돋보기로 확인된 내용은 다음과 같았다.

○○ 회사 귀하

이 편지를 읽기가 힘드시겠지요? 지난 6개월 동안 우리는 당신의 프레젠테이션에 참석했습니다. 그 후로 우리 회사 직원 중 3명은 다초점 렌즈 안경을 맞췄고 한 명은 맹인안내견을 구입했으며, 위원회 의장님은 신문가판대를 운영하고 있습니다.

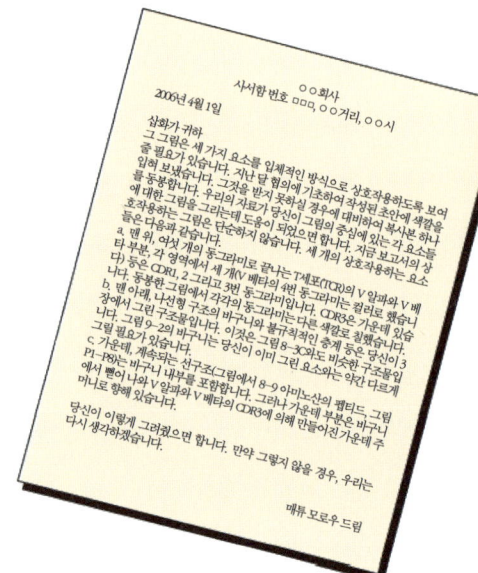

이 편지는 읽을 수 있는 비주얼을 요구하는 내용으로 계속 이어진다. 편지는 장난스럽지만, 메시지는 심각하다.

비주얼이 중요하다면 읽을 수 있는 비주얼은 더 중요하다. 내 친구는 다음과 같은 방법을 동원했다. 그는 읽을 수 없는 비주얼에 대해 벌금 5달러를 물렸다. 한 달 후, 그는 그 수입을 맹인과 시각장애자들을 돕는 비영리 기관인 라이트하우스에 기부했다. 읽기 쉽도록 만드는 제일 기본적인 방법은 글자를 크게 하는 것이다. 글자가 너무 크다고 불평하는 사람은 없을 것이다. 사람들은 모두 글자가 너무 작은 것을 불평할 뿐이다.

아래 표는 청중과 스크린의 거리에 따라 1.8미터, 2.4미터, 3.7미터 스크린에서 편하게 읽을 수 있는 활자의 크기를 보여주는 것이다. 프로젝터의 밝기, 프로젝터와 스크린 간 거리에 따른 이미지의 선명도에 따라 5 내지 10퍼센트의 편차가 있을 수 있다.

청중과 스크린의 최대 거리

활자 크기	스크린 너비		
	1.8m	2.4m	3.7m
16pt.	4.6m	5.5m	6m
18pt.	7	7.6	8
20pt.	9	10.5	14
22pt.	10.5	12	15
24pt.	14	15	18
30pt.	15	18	21
32pt.	19	21	24

스토리 보드를 만들어라

프레젠테이션의 구조와 디자인을 자유자재로 다루는 데 가장 뛰어난 도구가 스토리 보드이다. 이 도구의 미덕은 하나의 차트를 너무 복잡하게 만들어서 비주얼을 전체적인 줄거리와 관련짓지 못하는 경향을 최소한으로 줄이는 것이다.

스토리 보드는 프레젠테이션의 흐름을 상세히 계획하도록 해준다. 각 차트를 다음 차트에 연결시켜, 청중을 제시된 개념의 순서에 따라 내가 제안하는 행동을 취하도록 유도하는 것이다.

또한 스토리 보드는 어느 부분에서 단순한 사항에 대해 너무 많은 차트를 사용했는지, 어느 부분에서 좀 더 복잡한 사항에 대해 차트가 충분하지 않은지 알게 해준다.

우리는 스토리 보드를 통해 행동으로 옮기는 데 문제가 없는지 판별할 수 있고, 다음 개념을 소개하기 전에 요약이 필요한 부분이 어디인지 결정할 수 있다. 다음은 스토리 보드의 실행 방법이다.

1. *결정한 줄거리 순서를 따라 프레젠테이션의 개요를 작성하라.* 무엇을 프레젠테이션하고, 어떤 순서로 할 것인지 알게 된다.

2. *그 개요에 따라 비주얼이 어디에서 필요하고 그것들이 어떻게 보일 것인지 결정하라.* 예를 들어, 프레젠테이션의 구조를 설명할 때에는 문자 비주얼이 필요할 것이다. 그런 다음 '미국은 세계 GDP에서 가장 큰 비중을 차지하고 있다'는 첫 번째 결과를 설명하기 위해 원 그래프를, '세계에서 미국의 해외무역 규모가 가장 크다'는 사실을 나타내기 위해 가로막대 그래프를, 해외 직접투자의 증가를 나타내기 위해 세로막대 그래프를 이용할 수 있다.

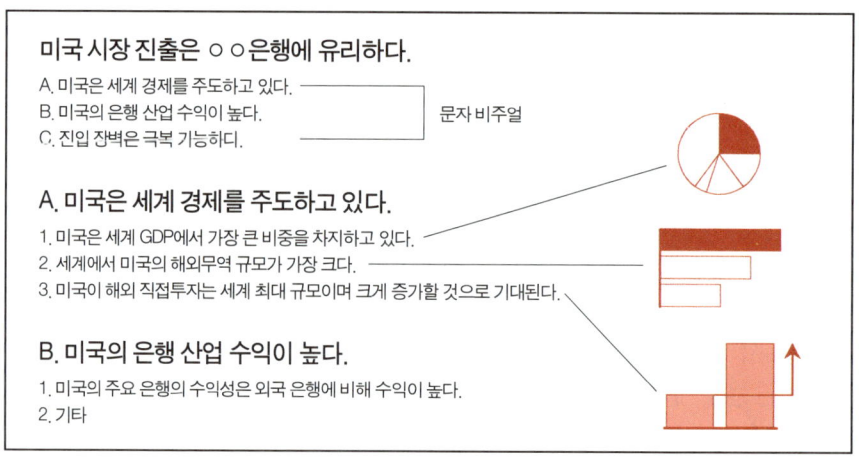

3. *비주얼을 만들어라.* 프레젠테이션 할 때, 비주얼의 오른쪽이나 아래쪽에 당신이 하려는 말을 적어라. 비주얼을 읽는 방법과 비주얼의 핵심, 즉 무엇 때문에 이 비주얼이 중요한지를 포함하라.

4. *흐름을 점검하라.* 차트의 순서가 논리적인지 시험하라. 단순한 사항에 너무

많은 차트를 사용한 부분과 좀 더 복잡한 사항에 불충분하게 사용한 부분을 가려내라. 다음으로 넘어가기 전에 요약이 필요한 부분이 어디인지 결정하라.

5. <u>무엇을 이용할지 염두에 두고 최종 자료에 들어갈 모든 애니메이션 기법을 기록하라</u>나는 가장 흔히 사용되는 애니메이션을 표시하기 위해 기호표를 만들었다. 이것을 사용해도 좋고 당신 자신만의 것을 만들어도 좋다.

한편, 너무 많은 비주얼을 보여주는 것에 대해 걱정하지 말라. 어떤 발표자들은 비주얼의 개수를 프레젠테이션의 길이와 동일하게 생각한다. 심지어는 비주얼 하나에 2분씩 할당하는 사람도 있다. 이것은 좋은 방법이 아니다. 2분은 같은 이미지를 계속 보기에는 너무 긴 시간이다.

프레젠테이션의 길이를 결정하는 것은 제시되는 개념의 수와 개념의 난이도이다. 다섯 개의 비주얼로 하나의 개념을 설명하는데 걸리는 시간과 하나의 비주얼로 다섯 개의 개념을 설명하는 시간이 같다는 사실을 명심하라.

6. **일단 최적의 비주얼 수와 순서를 확정했으면 각각의 비주얼로 돌아가라.** 한 비주얼에서 다음 비주얼로 넘어갈 때 무슨 말을 할 것인지를 생각하고 **각 페이지 하단에 넘어가는 말을 표시하라.**

다음은 완성된 스토리 보드의 예이다.

1	
서론(말로 한다)	
목적	오늘 우리의 목적은 ○○은행이 매력적인 미국 시장이 제공하는 성장 기회를 이용할 것을 제안하는 것이다.
중요성	지금이 가장 적절한 시기이다. 국내에서의 성장은 경쟁 강화와 정부 규제로 인해 한계에 부딪치고 있기 때문이다.
미리보기	이 프레젠테이션에서 우리는 미국이 ○○은행에게 매력적인 시장이 될 수 있는 이유를 설명하고, 그 기회를 확인하고 이용하는 데 필요한 향후 단계들을 개괄적으로 제시한다.
넘어가는 말	이제 미국 시장이 매력적인 성장 기회라고 말하는 이유가 무엇인지 살펴보기로 하자.

2
미국은 매력적인 성장 기회를 제공한다 A. 미국은 세계 경제를 주도하고 있다. B. 미국의 은행 산업 수익률은 매력적이다. C. 진입 장벽은 극복될 수 있다.

근거

미국 시장이 ○○은행에 매력적인 성장 기회를 제공한다고 생각하는 이유는 세 가지이다. 첫째, 미국은 세계 경제를 주도하고 있다. 둘째, 미국은 매력적인 수익률을 나타내고 있다. 셋째, 진입 장벽은 극복될 수 있다.

넘어가는 말

각각에 대해 좀 더 깊이 알아보자. 첫째, 미국은 세계 경제를 주도하고 있다. 세 가지 중요한 실적 측정 기준에 주목하라. 그것들은 GDP, 해외무역, 해외 직접투자이다.

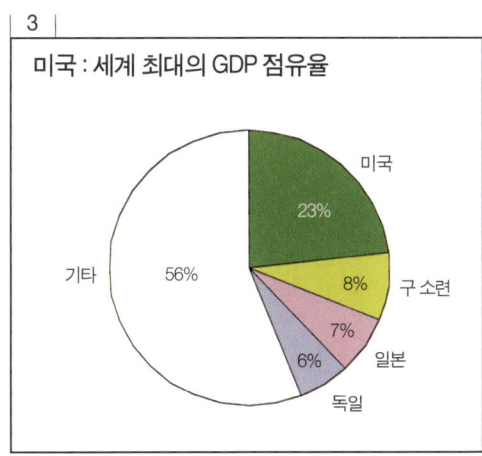

근거

세계 GDP에서 미국은 20퍼센트 이상을 차지하고 있다. 이것은 미국 다음으로 비중이 높은 다른 세 국가를 합친 것보다 높다.

넘어가는 말

미국은 세계 경제에서 가장 높은 비중을 차지할 뿐만 아니라, 해외 무역 규모도 가장 크다.

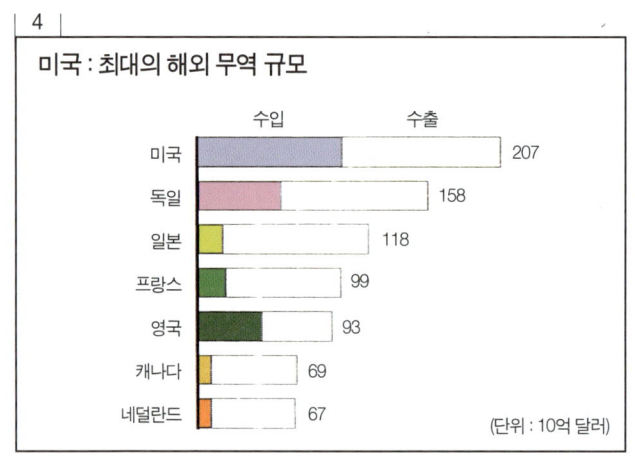

근거

수출과 수입을 더한 해외 무역 규모를 볼 때 미국의 지난해 해외 무역 규모는 2,000억 달러를 기록했다. 이것은 무역 규모가 두 번째로 높은 독일보다 30퍼센트 이상 더 많은 액수이다.

넘어가는 말

이 뿐만 아니라, 미국은 상당한 규모의 해외 직접 투자를 관리하고 있으며 그 규모는 앞으로 크게 증가할 것으로 예상된다.

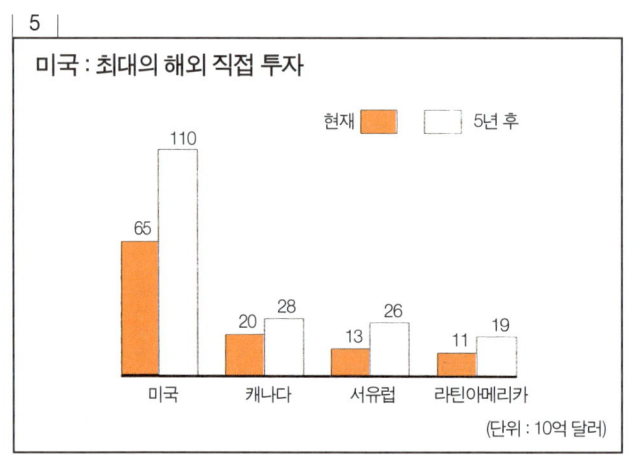

근거

현재 미국의 해외투자는 650억 달러에 달하고 있다. 우리는 5년 후 미국의 해외투자가 지금보다 70퍼센트 증가하여 1,000억 달러를 넘어설 것으로 예상한다. 여러분이 보다시피 이것은 다른 어느 나라보다도 월등히 큰 수치이다.

넘어가는 말

(프로젝터를 끈다) 미국은 세계 GDP에서 가장 큰 비중을 차지하고 있으며 해외 무역 규모가

가장 크다. 또한 많은 액수의 해외 직접 투자를 관리하고 있다. 이상의 세 가지 사실은 우리의 결론, 미국이 세계 경제를 주도하고 있음을 뒷받침한다.

| 6 |

같은 과정을 반복함

| 7 |

미국은 매력적인 성장 기회를 제공한다
A. 미국은 세계 경제를 주도하고 있다.
B. 미국의 은행 산업 수익률은 매력적이다.
C. 진입 장벽은 극복될 수 있다.

근거
  미국은 세계 경제를 주도하고 있을 뿐만 아니라, 매력적인 은행산업 수익률을 나타내고 있다.

넘어가는 말
이제 미국의 은행산업 수익률을 다른 나라들과 비교해보자.

| 8 |

결말(말로 한다)

요약 이상의 내용을 요약하자면, 미국 시장은 규모, 수익률, 상대적인 진출의 용이성 때문에 매력적인 성장 기회를 제공한다고 평가된다.

제안 따라서 우리는 ○○은행이 미국 시장 내에서 구체적인 기회를 파악하기 위한 노력을 계속하고, 그 기회를 이용할 것을 제안한다. 이를 실행하기 위해 다음 프로그램을 제안한다.

실천 프로그램 일정표

향후 단계 1. ○○은행의 장점을 이용할 수 있는 특정 분야를 알아낸다.
2. 필요한 자원을 결정한다.
3. 기타

Say it with Presentations
프레젠테이션을 준비하라

　프레젠테이션을 전달할 때, 그것이 서서 하는 형태든 앉아서 하는 형태든 자연스러워 보이게 하면서 중요한 것을 잊지 않도록 확실히 하기 위해서는 진행 중에 메모를 참고할 수 있도록 한다. 그렇게 되면 자신감이 더욱 커진다.
　다음은 이러한 메모를 활용할 수 있는 세 가지 방법이다.

1. 참고문

비주얼의 복사본 각 페이지에,

① 강조하기 위해 밑줄을 긋거나 단어, 수치, 참고사항을 동그라미 친 다음 참고할 메모를 작성하라.

② 청중에게 할 질문을 적어라.

③ 페이지의 하단에 다음 페이지로 넘어가는 말을 써라. 그래야 페이지를 넘기기 전에 그것을 말할 수 있다.

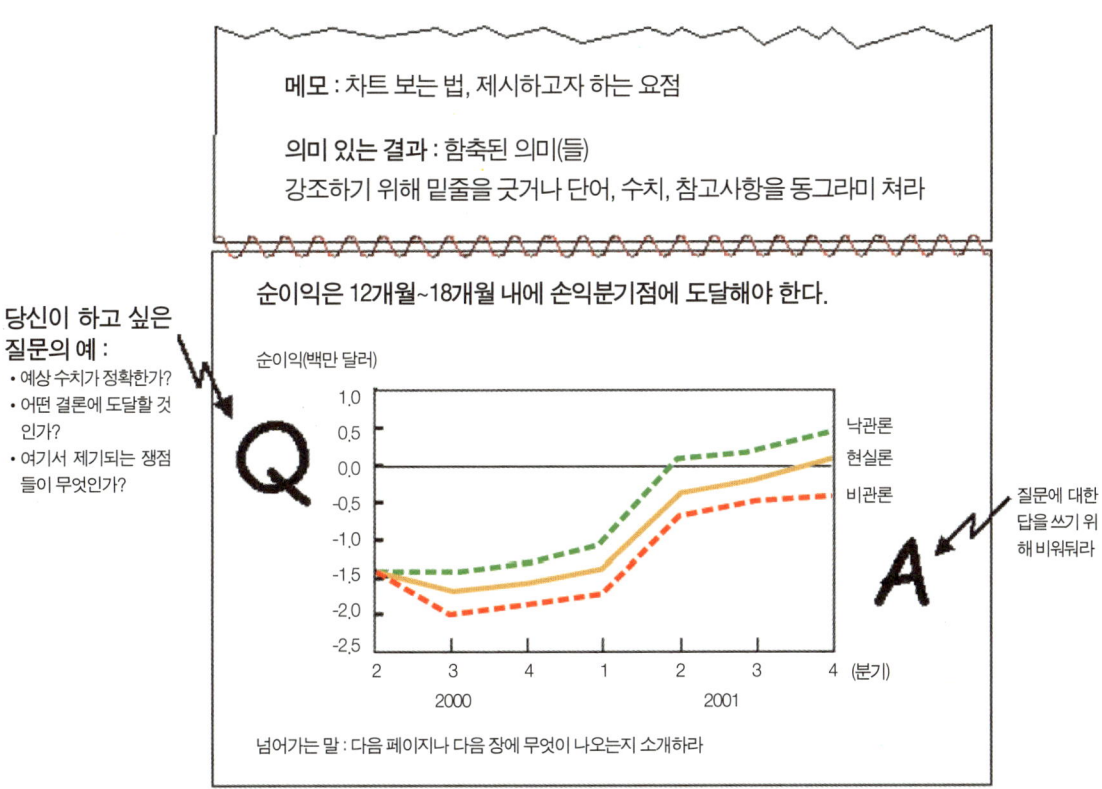

2. 유인물의 메모 페이지

알다시피, 전자시대의 혜택으로 우리는 페이지 하단에 공간을 남기는 방법으로 비주얼을 복사할 수 있다. 이것을 비공식적인 메모를 위한 공간으로 사용하자. 다음 예를 보자.

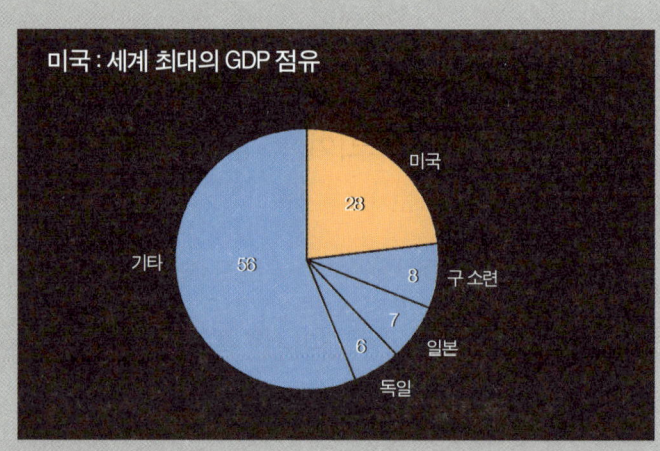

의미 있는 사실

세계 GDP에서 미국은 20퍼센트 이상의 비중을 차지하고 있다. 이것은 미국 다음으로 비중이 높은 다른 세 국가를 합친 것보다 높다.

넘어가는 말

미국은 세계 경제에서 가장 높은 비중을 차지할 뿐만 아니라, 해외 무역 규모도 가장 크다.

3. 원고

만약 원고를 꼭 사용해야 한다면 말하는 방식대로 쓰도록 하라. 그래서 당신이 청중에게 말하고 있는 것처럼 들리게 하라. 기사를 쓰는 것 같은 방식을 피하라. 지나치게 격식을 차린 것처럼 들린다.

일반적으로 12포인트 크기의 글자로 한 행씩 띄어서 작성한 A4 한 장을 말하는 데 걸리는 시간이 약 1분 20초라는 것을 명심하라. 원고를 발표대에 놓고 내려다보았을 때 당신이 쉽게 읽을 수 있는 정도 크기로 작성하라. 강조하고 싶은 말들을 밑줄이나 진하게 하여 눈에 잘 띄게 표시해두고 잠시 멈출 필요가 있는 부분을 표시하라.

한 가지 방법은 짧게 쉬는 부분에는 한 줄 사선을, 길게 쉬는 부분에는 두 줄 사선을 긋는 것이다. 비주얼 요소를 어디서 바꿔야 하는지 표시하라 나는 별표나 빨간 점을 사용한다. 다음은 앞에서 언급한 것에 따라 표시한 원고의 예이다.

> 이제 상업적 웹 사이트의 성장을 살펴보겠습니다. * 10년 전에는 전무하다시피 했던 상업적 웹 사이트가 * 오늘날 대략 <u>100만 개</u>로 증가했습니다. 내년까지 그 수는 * <u>약 400만 개</u>로 늘어날 것입니다. /
>
> 게다가 인터넷을 이용하는 가정의 수도 급격히 증가하고 있습니다. 인터넷에 접속하는 미국 가정의 수는 * 90만에서 * 현재 <u>2,000만 가구</u> 이상으로 증가했는데, 이것은 연간 성장률 43퍼센트에 해당하는 수치입니다. 그리고 이 같은 보급률은 세계의 다른 나라들뿐만 아니라 * 영국과 일본에서도 비슷하게 나타나고 있습니다. /
>
> 또한 우리는 인터넷을 통한 비즈니스 규모가 급격히 증가할 것이라고 예상하고 있습니다. 그 규모는 * 지난해 30억 달러를 다소 웃도는 수준에서, * 내년에는 <u>1,000억 달러</u>에 이를 것으로 보입니다. //

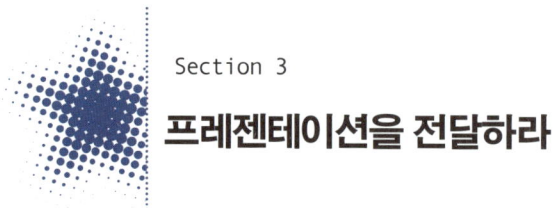

Section 3
프레젠테이션을 전달하라

　당신이 프레젠테이션을 하기 위해 자리에서 일어났을 때 청중들이 기대하는 것은 자신감, 확신, 열정이다. 이것들은 프로 발표자의 특징이다. 그리고 청중이 당신의 메시지에 집중할 수 있게 해주며, 당신이 줄거리와 메시지를 따라 진행하는 동안 그들이 당신과 함께 하도록 한다. 각각의 자질에 대해 좀 더 자세히 살펴보자.

자신감　확신　열정

　30년 이상 관찰한 바에 따르면, 사업가들 대부분의 인생철학이 '고통이 없으면 얻는 것도 없다' 이다. 반면 나의 인생철학은 '긴장이 없으면 고통도 없다' 이다. 그 이유는 다음과 같다.

　우디 앨런처럼 나도 유치원에서 낙제했다. 그 낙제의 고통스러운 경험 때문에, 나는 실패할 가능성이 있는 강좌에는 절대로 등록하지 않았다. 그리고 나는 비판받는 고통을 피한다. 내가 잘하지 못하는 것을 발견하는 고통을 극복하고 그것을 고치기보다는 잘하는 것에 대해 듣고 배우기를 좋아한다. 비즈니스 프레젠테이션과 관련해서는, 프레젠테이션을 힘들이지 않고 전달하는 훌륭한 발표자의 성과를 연구하여 더 많은 것을 배웠다.

　훌륭한 발표자들을 연구하라. 그들이 청중 앞에서 특별해질 수 있는 이유를 한마디로 요약할 수 있음을 깨닫게 될 것이다. 그것은 바로 자신감이다. 그들은 프레젠테이션을 진행하면서 발생하는 어떠한 상황에도 대응할 수 있다는 자신감이 있다. 그들의 자신감은 프레젠테이션에 대해 완벽하게 알고 있는 사실에서 출발한다는 것을 알 수 있다.

자신감의 특징

　모든 프레젠테이션의 성공 여부를 판가름하는 궁극적인 기준은 목표의 달성이므로, 그 과정을 거꾸로 살펴보자.

첫째, 훌륭한 발표자는 프레젠테이션의 목표가 무엇인지 분명히 안다. 그들은 지금 왜 프레젠테이션을 하는지, 이야기를 마친 후 어떤 결과를 기대해야 하는지를 알고 있다. 그들은 청중이 프레젠테이션에서 제시한 목표를 실천할 것이라는 자신감이 있다.

둘째, 훌륭한 발표자는 프레젠테이션에 앞서 숙제를 마쳤다. 그리고 청중에 대해 알아야 할 모든 것을 안다. 그들은 자신들이 누구에게 말할지를 안다. 청중 중 누군가가 손을 들기 전에 눈빛에서 질문을 읽을 수 있다. 이것은 단순히 청중을 아는 것에서 더 나아가 청중 개개인을 안다는 것을 의미한다.

셋째, 훌륭한 발표자는 자료에 대해 아주 잘 알고 있기 때문에 질문 때문에 옆길로 새거나 진행 순서가 변경되는 것을 두려워하지 않는다. 그들은 항상 근거가 되는 사실을 통해 청중의 의구심을 걱정하지 않을 준비가 되어 있다.

마지막으로 훌륭한 발표자는 그들 자신, 즉 자신의 몸, 동작, 목소리, 장비, 비주얼, 유머, 질문 등에 대해 불안해하지 않는다. 질문에 대한 답을 할 수 없을 때에도 두려워하지 않는다. 심지어 바보스러운 실수를 해도 그것을 자연스럽게 만든다.

이상 내용을 정리해보자. 만약 당신이 프레젠테이션에 대해 자신감이 없다면, 청중에게 프레젠테이션의 목표를 실천에 옮기는 자신감을 줄 수 있다고 기대하지 말자.

자신감 확신 열정

한 경영대학원에서 '확신'을 주제로 강의하고 있을 때였다. 나는 발표자가 자신이 발표하는 것을 믿어야 하고, 자신의 말을 스스로 확신하지 않는다면 청중도 역시 확신하지 못할 것이라는 말을 했다. 그때 한 학생이 물었다.

"사장이 프레젠테이션을 하라고 지시했는데, 내가 그 프레젠테이션을 믿지 않는다면 어떻게 해야 합니까?"

그 질문에 대한 나의 대답은 그 학생이 듣고 싶어 했던 대답이 아니었을 것이다. 강연을 듣고 있던 많은 사람들도 그것을 너무 이상적이라고 생각했을 것이다. 하지만 잠시 내 말을 더 들어주기 바란다.

"프레젠테이션을 하지 마세요."

나는 이렇게 말한 뒤, 자신이 발표하는 내용을 믿지 않는다면 청중을 그것을 바로 알 것이고 그 프레젠테이션을 의심할 것이라고 설명했다. 그런 경우라면 사장과 의논해서 당신의 생각을 말하고, 지시한 내용을 믿고 그 내용의 메시지를 좀 더 설득력 있게 전달할 수 있는 다른 사람을 찾는 것이 더 좋은 방법이다. 만약 이 모든 것이 여의치 않으면 당신은 그 프레젠테이션을 하지 않을 것이라고 버티는 것이 낫다. 그 이유는 다음과 같다.

만약 내가 사장인데 직원에게 프레젠테이션을 지시했다. 그런데 그 직원이 그 프레젠테이션의 내용에 동의하지 않으면서 그 사실을 나에게 알리지 않았다면, 그 직원은 청중과 사장에게 부정적인 모습이 될 것이다. 프레젠테이션 하는 동안 확신이 부족하다는 것을 청중이 보게 될 것이 분명하다. 그런 결과로 인해 프레젠테이션을 한 직원에게 사장인 내가 노발대발할 것이다.

간단히 말해, 당신의 프레젠테이션이 정당한지 확신하지 못하면, 또한 당신 스스로 충고를 따르지 않을 것 같다면, 청중이 그 제안에 확신을 갖고 따르리라고 기대하지 말자.

자신감   확신   **열정**

나는 당신의 제안을 받아들이도록 청중을 억지로 떠밀 수 없다는 사실을 분명히 장담한다. 어떤 프레젠테이션에서든 당신은 주는 대로 받는다. 청중을 지루하게 하면 그들에게 지루한 반응을 얻을 것이고, 열정을 주면 열정을 돌려받을 것이다.

그럼에도 불구하고 나는 지금까지 딱 한 번, 열정도 에너지도 없이 프레젠테이션을 진행하는 발표자에게 내 모든 관심을 집중했던 적이 있다. 그 발표자는 매우 낮은 목소리로 억양도 거의 없이 말했다. 그러나 나는 다른 청중들처럼 그의 생각을 하나도 놓치지 않으려고 의자의 가장자리에 숨죽이고 앉아 몸을 앞으로 숙이고 있었던 것을 기억한다.

왜 그랬을까? 그는 나에게 가장 중요한 주제에 관해 말하고 있었던 것이다. 또한 그는 지성과 학문으로 많은 사람들에게 존경을 받고 널리 알려져 있는 인물이었다.

그러므로 아직 그만한 자격을 갖추지 못한 사람이라면 에너지와 열정을 갖고 말할 것을 권한다.

자신감, 확신, 열정을 결합시켜 청중에게 전문가의 이미지를 심어줄 수 있다. 이것이 이번 섹션의 핵심이다. 이번 섹션에서는 연습, 시설과 장비 설치, 전달의 기술, 시각 자료 이용하기, 질문에 익숙하기, 유머를 진지하게 사용하기, 침묵에 귀 기울이기 등에 대한 지침을 다룬다.

Say it with Presentations

연습하라 : 결점 찾기

프레젠테이션을 하기 위해 청중 앞에 서기를 기다릴 때보다 뒷머리 쪽에서 울리는 비명 소리를 듣곤 한다. 그것은 주로 다음과 같은 말들이다.

내가 불안에 떨고 있다는 걸 보여줄 순 없어.
그들은 나를 좋아하지 않을 거야.
그들은 나를 난처하게 할 거야.
그들은 내가 모르는 것을 찾을 거야.
그들은 동의하지 않을 무엇인가를 찾을 거야.
그들은 내가 땀 흘리는 것을 볼 거야.
내가 얼마나 많이 준비했는지를 보여줘서 그들을 감동시켜야 한다.
준비하는 데 걸린 시간이 아깝지 않도록 해야 한다.
청중이 나중에 내가 받을 사례금을 아까워하지 않도록 최선을 다해야 한다.

당신이 프레젠테이션을 할 때 듣는 목소리를 써보라.

_____
_____
_____
_____

청중 앞에 선다는 생각을 하면 왜 그렇게 두려워지는가? 우리는 실수를 하는 것이 두려운가? 나쁘게 보이는 것이, 체면을 잃는 것이, 또는 완곡하게 말해서 웃음거리가 되는 것이 두려운 것인가? 힌두교의 지도자인 크리슈나무르티는 다음과 같이 말함으로써 이 문제의 핵심을 가장 정확히 표현하였다.

"마음이 아프면 무엇이 상처 받는가?"

마음이 아플 때에도 육체는 아무것도 상처받지 않는다는 것이 아이러니이다. 그것은 이를 뽑는 것과 다르다. 그러나 너무 불안해서 차라리 이를 뽑는 것이 낫다고 생각하게 된다. 이 두려움 때문에 많은 사람들이 기억하기 싫은 순간을 경험했을 것이다. 나에게 최악의 순간은 신입사원 시절에 찾아왔다.

그때 나는 소규모 청중 앞에서 교육 프레젠테이션을 진행하고 있었다. 그는 청중석 오른쪽에, 유별나게 심리적 거리가 느껴지는 자리에 앉아 있었다. 프레젠테이션이 시작된 지 15분 정도가 지났을 때, 그의 목쉬고 신경질적인 목소리를 들었다.

"차트에 오자가 있군."

나는 그 목소리에 공포를 느꼈다. 내 프레젠테이션 도중에 내 비주얼에서 내 실수를 발견한 것이다. 그의 날카로운 기질만으로 그는 청중 중에서 가장 공포스러운 존재가 되어 버렸다. 나는 온몸이 화끈거리는 것을 느꼈고 쥐구멍에라도 숨고 싶었다.

그가 옳았다. 차트의 세로축 눈금에 0, 2, 4, 6, 8, 10, 13, 15로 되어 있었다. 어떻게 해야 하나? 뭐라고 말해야 하나? 그때 청중 중 한 명이 "발표자는 우리를 좀 더 집중시키려고 그런 것 같네요"라고 말했다. 그런 말을 할 정도로 머리가 빨리 돌아갔다면 좋겠다.

이제 나는 그런 상황에 대처할 수 있게 되었다. 그동안 무엇이 변한 것일까?

아마도 가장 큰 변화는 더 이상 틀릴까 봐 두려워하지 않는다는 것이다. 더 이상 실수를 인정하는 것을 두려워하지 않는다. 우리는 실수를 하면서 배운다. 실수를 통해 다음에는 어떻게 해야 하는지 알게 된다.

누군가 실수를 지적했을 때 그것을 인정하고 지적한 그에게 감사를 표현하면 그는 기분이 좋아질 것이다. 그는 스스로 프레젠테이션의 성공에 기여하고 있다고 느낀다. 그리고 자신이 내 실수를 지적해서 내가 그 실수를 바로잡을 수 있게 하여 나에게 도움을 줬다는 생각을 하게 한다.

나는 인간이므로 실수를 할 수 있다고 생각한다. 발표자들은 청중 앞에 설 때 완벽해야 한다고 생각한다. 그들은 마음속으로 프로 발표자의 모습을 상상한다. 그것은 엄청난 이미지이다! 프로 발표자는 절대로 말 때문에 쩔쩔매는 일이 없다. 가장 유창하고 문법적으로 올바른 문장만을 말한다. 그는 모든 질문에 대해 훌륭하게 대답할 준비가 되어 있다.

그러나 현실적으로 그런 발표자는 존재하지 않는다. 인간은 불완전한 존재이기 때문에 청중 앞에서 완벽하려고 노력할수록 어설픈 행동만 하게 된다. 만일 완벽한 인간들이 농구를 한다면 경기는 지루할 것이다. 게임이 흥미로운 것은 인간의 실수가 있기 때문이다.

우리의 몸, 동작, 목소리를 갖고 하는 일에 대해 자연스럽고 편안하며 무의식적으로 임하는 것이 왜 이렇게 어려울까? 사람들이 있는 그대로의 내 모습을 좋아하지 않을까 봐 두려워하기 때문이다. 더 나쁜 경우라면 당사자인 나도 내 모습을 좋아하지 않을까 봐 두려워하는 것일 수도 있다.

그래서 우리는 자신이 아닌 다른 누군가가 되려고 노력한다. 바로 완벽한 발표자의 이미지가 되려고 한다. 하지만 오랫동안 고군분투한 후에야 비로소 우리가 아닌 누군가가 되는 것이 절대 편안해질 수 없다는 사실을 깨닫는다. 우리가 편안할 수 있는 단 한 명은 결점도 있는 그대로 숨기지 않는 우리 자신이다.

우리, 당신, 나 모두는 실수를 할 것이다. 우리는 부적절한 시기에 틀린 것을 말할 것이다. 틀린 대답을 할 것이고 틀린 비주얼을 보여줄 것이며 가장 중요한 비주얼에 오자를 남길 것이다. 그런데 청중은 그런 것에 신경 쓰지 않는다는 사실을 언젠가 알게 될 것이다. 청중이 신경을 쓰더라도 우리보다 훨씬 빨리 잊어버린다. 따라서 우리는 인간이며 실수를 한다는 것을 인정하고 넘어가는 편이 좋다.

그렇다고 프레젠테이션의 진행에서 최선을 다하지 말라는 의미가 아니다. 연습을 통해 전문가다운 프레젠테이션을 하기 위해 필요한 것을 생각하고 준비해야 한다.

당신의 프레젠테이션에 참석할 청중의 지위, 목표 달성의 중요성, 준비하기 위해 투자한 시간과 돈을 생각할 때, "시간이 없어서" 또는 "애드립이 있으니까" 등의 이유로 프레젠테이션을 그르치는 것은 말도 안 되는 일이다. 자신의 애드립을 과대평가하지 말라. 불행한 애드립으로 회의실이 썰렁해지는 경우가 있다. 프레젠테이션을 하기 전에 충분히 미리 생각하자. 진행 도중에 생각하는 것은 너무 늦는다.

첫 번째 연습은 발표할 장소와 비슷한 공간에서 혼자 한다. 첫 번째 연습의 목표는 자료에 익숙해지는 것, 각각의 비주얼에 대해 설명할 말을 생각하는 것, 넘어가는 말을 메모하고 프레젠테이션에 걸리는 시간 확인 등이다. 녹음기를 사용해서 자신의 목소리를 들어보는 것도 좋은 방법이다. 이때 어조는 적절한지, 바꿔서 말해야 할 자료는 없는지 확인한다.

두 번째 연습은 상황에 잘 아는 사람과 그렇지 않은 사람으로 구성된 서너 명의 동료 앞에서 한다. 두 번째 연습의 목표는 자신감을 얻는 것이다. 각각의 동료에게 프레젠테이션의 각기 다른 측면에 집중하도록 부탁한다.

예를 들어, 첫 번째 사람은 내용의 일관성, 분석, 구성을, 두 번째 사람은 비주얼의 선명도와 오자를 본다. 세 번째 사람은 전달 기술에 집중하고 네 번째 사람은 의사결정권자의 관점에서 프레젠테이션을 보게 한다. 그리고 이번 연습에서는 청중이 제기할 수 있는 질문들을 예상해보고 그것과 관련한 명확하고 간결한 대답을 준비한다. 또한 두 번째 연습은 비디오테이프에 녹화해서 자신을 청중의 관점에서 볼 수 있는 좋은 기회가 된다. 이때에는 비디오를 두 가지 방법으로 보면 좋다.

① 화면을 끄고 당신이 무엇을 말하고 그것을 어떻게 말하는지 단어의 선택, 어조, 말투, 발음, 속도 등에 집중하는 방법.
② 소리를 끄고 당신의 자세, 동작, 표정, 비주얼을 설명하는 모습 등에 집중하는 방법.

연습을 충분히 했다는 것을 언제 알 수 있을까? 내일 프레젠테이션을 하더라도 그에 걸맞은 자신감, 확신, 열정을 갖고 할 수 있다고 느낄 때이다.

연습 시 주의사항

내가 당신에게 연습을 봐달라고 요청할 때 프레젠테이션이 내일이라는 것을 기억해 달라고 정중히 부탁할 것이다. 따라서 지금은 나의 자신감을 꺾을 때가 아니다. 나는 감정적인 응급처치약이 부족하다. 당신에게 다음 사항을 부탁할 것이다.

배려하라. 부정적인 견해로 나의 자신감을 무너뜨리기 전에 내가 준비할 기회를 달라. 나쁜 것을 말하기 전에 내가 하고 있는 것에 대해 좋은 점을 말해 달라. '나'로 시작하는 문장으로 말해 달라. 예를 들어 "그 차트는 사용하지 않을 거지?"라고 말하는 대신 "나는 그 차트의 요점을 이해하지 못했어", "내가 청중이었다면 혼란스러웠을 거야"라고 말하라.

건설적이 되라. 해결책 없이 문제점을 지적하지 말라. 당신이 발견한 문제를 해결하기 위해서 무엇을 해야 하는지 찾을 수 있도록 도와달라.

객관적이 되라. 내가 비주얼의 배경에 사용한 색이 맘에 들지 않는다니 미안하다. 그러나 이것은 메시지나 청중에게 어떤 차이도 없을 것이기 때문에 그냥 넘어가 달라. 당신의 견해는 내가 하거나 말하거나 보여주는 것 중에 이해를 방해할 만한 것을 지적하기 위해 아껴두어라.

현실적이 되라. 변화를 제안하는 것은 감자칩을 먹는 것과 같다. 하나에서 끝내는 것이 거의 불가능하기 때문이다. 개선의 여지는 있지만 프레젠테이션은 내일이다. 그래서 나는 프레젠테이션 장소로 가기 전에 어느 정도 수면을 취하고 싶다. 실행할 수 있는 변화에만 집중할 수 있게 도와 달라.

이제 프레젠테이션 장소로 이동해서 시설과 장비를 준비하려면 무엇을 해야 하는지 알아보자.

시설과 장비를 설치하라

Say it with Presentations

장비 설치에 관련해서는 내 힘든 경험을 바탕으로 말하자면, 프레젠테이션 장소에 최소한 40분 일찍 도착해서 스스로 모든 책임을 지고 설치하라고 조언하고 싶다. 만일 설치 부분에서 잘못되게 되면, 지금까지 공들여 쌓아온 자신감은 무너질 것이다. 더군다나 매체들이 점점 더 정교해지고 있다.

이제 소개할 문제와 대처 방안은, 설치와 관련해서 발생할 수 있는 문제들의 빙산의 일각에 불과하다는 것을 명심하라.

시설 관련 문제

문제 1 조명 계기판을 작동시키는 데 기술자가 필요한지? 실내온도 조절기는 문제없는가? 창문의 블라인드는 어떤가?

나는 조명 계기판의 위치를 확인하고 스위치를 점검한다. 그래야 어떤 조명을 켜고 어떤 조명을 끌지, 어떤 것은 밝기를 낮춰야 할지 결정할 수 있다. 스크린 위의 조명이 꺼졌는지 확인한다.

실내를 쾌적하게 하기 위해 필요하다면, 온도를 높이거나 낮추기 위해 어떻게 해야 하는지 또는 누구를 불러야 하는지 묻는다.

나는 창문의 블라인드를 이리저리 조절해본다. 어느 높이에서 외부의 햇빛이 진행에 방해되지 않는지 확인하기 위해서이다. 햇빛이 스크린 위의 이미지를 씻어 내거나, 청중이 회의실에서 벌어지고 있는 일에 관심을 집중할 수 없게 그들의 주의력을 빼앗을 수 있다.

문제 2 *나는 회의실의 책상들이 종종 별 생각 없이 배열된 것을 보곤 한다.*

나는 U자 형태의 책상 배열에서 측면을 넓혀 V자에 더 가까운 형태로 만든다. 이 배열은 회의실의 정면 공간을 개방한다.

중앙 통로 양쪽에 책상을 배열하여 생선 가시 형태로 각을 이루게 한다.

청중의 머리 때문에 스크린에 그림자가 생기는 일이 없도록 중앙 통로가 넓은지 확인한다.

통로에서 불필요한 의자를 치워 주의를 산만하게 하지 않도록 한다.

문제 3 *마이크는 대개 발표대에 고정되어 있어서 필요할 경우 움직임의 제한을 받는다. 가령 당신은 차트의 중요한 부분을 가리키기 위해 스크린으로 다가가야 할 때도 있다.*

나는 발표대에 묶인 죄수 신세를 면하기 위해 목에 거는 마이크나 옷깃에 다는 마이크, 또는 무선 마이크를 사용한다. 지금 생각해보니 나는 발표대를 거의 사용하지 않는다. 그것은 항상 나에게 너무 높을 뿐만 아니라 나와 청중 사이에 물리적, 심리적 장벽을 만들기 때문이다.

메모 때문에 불가피하게 발표대를 이용해야 할 때에는 발표대의 옆에서 프레젠테이션을 시작한다. 청중들이 내 벗겨진 머리의 정수리가 아니라 전체적으로 나를 볼 수 있게 하기 위해서이다. 무선 마이크를 사용할 때 반드시 주의해야 할 점이 있다. 청중에게 말하지 않을 때 마이크가 꺼져 있는지 확인하라. 그리고 화장실에 갈 때도 꼭 확인하라.

프로젝터 관련 문제

문제 1 *OHP든 LCD든, 항상 프로젝터가 회의탁자 위에 설치되어 있는 것을 발견한다. 프로젝터 뒤에 앉은 청중들은 스크린을 보기 위해 곡예를 해야 한다. 또한 이 경우 발표자가 아니라 프로젝터가 프레젠테이션의 초점이 된다.*

나는 CEO의 사무실이나 접견실에서 칵테일 테이블을 슬그머니 가져오거나 피아노 걸상이나 의자, 휴지통을 거꾸로 뒤집어서 이용한다. 프로젝터를 그 뒤에 앉은 청중들의 시선 밑으로 낮출 수 있는 45센티미터 정도 높이의 그 무엇이라도 좋다.

문제 2 *나는 두 대의 똑같은 프로젝터를 본 적이 없다. 전원 스위치가 같은 위치에 있는 두 대의 프로젝터를 본 적이 없고, 밝기가 같은 두 대의 프로젝터를 본 적이 없다. 그리고 같은 소프트웨어를 사용하는 두 대의 노트북 컴퓨터를 본 적이 없다. 같은 배선을 가진 두 대의 LCD 프로젝터를 본 적도 없다. 똑같이 설정된 두 개의 리모콘을 본 적도 없다.*

나는 내 노트북 컴퓨터의 전원 선을 직접 가져간다. 프로젝터의 모든 스위치, 컴퓨터의 모든 연결 상태, 리모콘의 모든 기능을 확실히 점검한다. 통로에 전선이 걸쳐지지 않았는지 확인한다. 또한 최소한 테이프로 바닥에 붙여놓는 것을 잊지 않는다.

문제 3 *가장 중요한 청중 앞에서, 일생일대의 가장 중요한 프레젠테이션을 하는 도중 가장 중요한 순간에 프로젝터의 전구가 나갈 수 있다.*

수많은 발표자들 중 여분의 전구를 갖고 다니는 사람이 몇 명이나 될까? 더 큰 문제는 이게 아니다. 그들 중 전구를 교체할 줄 아는 사람은 몇 명이나 될까? 사실 프로젝터에는 예비 전구가 있다. 하지만 없을 수도 있다.

나는 프로젝터에 내장형 예비 전구가 있는지를 반드시 확인한다. 그리고 전구를 바꾸는 스위치가 어디에 있는지, 예비 전구는 작동하는지를 확인한다. 나는 회의실에 프로젝터를 한 대 더 준비하게 하고 추가비용을 부담한다. 그리고 그 프로젝터가 제대로 작동하는지 확인한다. 내 프레젠테이션을 듣기 위해 온 청중의 중요성을 생각하다면 매우 적은 비용이다.

문제 4 *나는 구입한 후 한 번이라도 청소한 적이 있는 프로젝터를 본 적이 없다.*

나는 프로젝터의 거울과 렌즈, 받침대를 반드시 물수건으로 닦는다.

스크린 관련 문제

문제 *우리는 대개 선택권을 생각하지 않고 회의실에 설치된 스크린이 무엇이든 상관없이 만족한다. 스크린에는 너무 작은 것과 지나치게 작은 것, 두 가지 크기가 있다. 그리고 표면에 따라 네 종류로 나뉜다. 알맹이 모양의 매트matte형, 물결무늬의 렌티큘러lenticular형, 구슬 모양의 비디드beaded형, 반투명형이다.*

나는 청중의 규모가 50명 이하일 때에는 2.4×1.8미터 크기의 스크린을 요구한다. 그 이상의 청중에 대해서는 회의실 크기에 맞는 최대한 큰 스크린을 요구한다. 또한 후방 영사 방식이 아니라면 매트형 스크린을 고집한다. 매트형보다 렌티큘러형과 비디드형 스크린의 영상이 더 밝은 것이 사실이지만, 그것은 스크린 바로 앞에 앉은 청중들에게만 해당된다. 이들 스크린의 영상은 회의실 끝으로 갈수록 점점 흐려진다. 매트형 스크린에서는 청중이 어디에 앉든지 동일한 밝기의 영상을 볼 수 있다.

청중이 답답한 느낌을 덜 받도록 회의실의 좁은 면 대신 넓은 면에 영사한다.

한쪽 구석에 스크린을 배치한 적이 있다. 스크린을 보는 데 방해가 되는 기둥들을 피하는 유일한 방법이었다.

스크린상의 이미지가 찌그러지는 것키스톤keystone이라고 부르는 이 현상은 프로젝터가 낮은 탁자 위에 설치되었을 때 발생한다을 막기 위해 스크린의 위쪽을 앞으로 기울인다.

항상 스크린을 천장에 최대한 가깝게 높이 올린다. 청중들이 다른 사람의 머리 위로 보는 것을 좀 더 용이하게 하기 위해서다.

맺는 말 : 남에게 맡기지 말라.
　　　회의장에 일찍 들어가라.
　　　움직이지 않는 사물에 두려워하지 말라.
　　　직접 변경하라.

전달의 기술을 이용하라

Say it with Presentations

이제 프레젠테이션을 전달할 준비가 되었다. 청중의 기억에 남고 좋은 인상을 주기 위해서는 무엇이 필요한가?

나는 얼마 전에 딸 도나의 이메일을 받았다. 도나는 재치 있는 아이디어를 내어 이메일의 마지막을 장식했다.

'아무도 안 보고 있는 것처럼 춤추세요.'

사람들이 우리를 어떻게 생각하는지 신경 쓰지 않을 때 최선의 상태가 되는 경우가 많다. 어쨌든, 우리는 신중하게 계획하고 철저히 연습했다.

다음은 청중 앞에서 마음을 편히 가질 수 있도록 도와줄 몇 가지 조언들이다.

숨쉬기에 집중하라

숨쉬기에 집중하라는 것은 청중 앞에서 프레젠테이션을 할 때 찾아오는 신경성 긴장을 극복하도록 제안할 수 있는 최선의 조언일 것이다.

프레젠테이션을 시작할 때, 회의실에서 무슨 일이 벌어지고 있는지 느낄 수 있도록 잠시 동안 시간을 가진 후, 두세 번 심호흡을 하라. 질문에 답하기 전에도 심호흡을 하라. 긴장을 풀 필요가 있다고 느낄 때마다 숨을 쉬는 것이 좋다.

시선을 마주쳐라

프레젠테이션의 시작부터 끝까지 청중들과 시선을 마주치는 것은 프레젠테이션의 성공을 위해 익혀야 하는 가장 중요한 전달 기술 가운데 하나이다. 이 기술은 '일반적인 프레젠테이션'과 '청중과 상호소통하는 프레젠테이션'을 구분 짓는 기준이 된다.

시선을 마주치는 것은 심리적으로 악수하는 것과 같다. 이것은 마치 청중이 발표자와 사적인 대화를 나누는 것처럼 느끼게 한다. 그리고 내가 말하는 '시선 맞추기'는, 시선을 일정 거리 이내로 고정시켜서 한 곳을 응시한다는 뜻이 아니라, 실제로 청중과 시선을 마주친다는 것을 의미한다.

나는 그동안 너무 자주 보아온 '응시하기'를 의미하지 않는다. 응시하기의 경우 발표자는 시선을 30센티미터 정도까지 보내기만 하고 더 멀리 보는 것은 위험하다고 생각한다.

청중의 규모가 클 때에는 청중석을 4등분한 다음, 한 그룹에 한 명씩되도록이면 얼굴을 찡그리거나 하품하고 있는 사람보다는 미소를 짓고 있는 사람으로을 선택하라. 그리고 그들과 차례로 시선을 마주치기 바란다. 당신과 선정한 청중과의 거리가 어느 정도 멀기 때문에, 그 주변에 앉아 있는 청중들도 당신과 시선을 마주치고 있다는 느낌을 갖게 된다.

랩 비주얼을 이용할 경우, 청중이 당신을 보는 대신 유인물을 보는 데 너무 많은 시간을 할애하고 있다는 판단이 들면, 논의하고 있던 자료에 펜을 놓고 유인물을 덮어라. 그리고 토의를 처음 시작했을 때처럼 청중을 바라보라.

비디오 회의에서는 가능한 한 카메라에 시선을 맞춰라. 당신이 카메라의 다른 쪽에 앉아있는 청중들에게 1 대 1로 말하고 있다는 느낌을 주기 위해서이다.

자연스럽게 말하라

많은 사람들이 말할 내용을 미리 작성한다. 그러나 우리는 하나의 생각이라고 해도 말로 할 때와 글로 할 때 각각 다르게 표현한다는 사실을 자주 깨닫지 못한다. 예를 들어, 식당에서 아침 식사를 주문할 때 미리 글로 작성한 원고를 읽는다면 다음과 같이 될 것이다.

"안녕하십니까. 오늘 아침 제가 여기에 온 목적은 아침 식사를 주문하기 위해서입니다. 저는 다음의 항목들이 필요합니다. 계란, 토스트, 커피…"

프레젠테이션을 하게 되면 단축어, 관용어 등을 사용하여 보통 말하는 방식대로 자연스럽게 말하라. 사전에 메모나 원고를 준비할 생각이라면 말하는 방식대로 쓰는 것을 잊지 말라.

중요한 내용을 잊지 않도록 확실히 하기 위해 메모를 참고하는 것은 괜찮다. 그러나 메모에 너무 의존해서 청중이 아니라 메모장에 대고 말하는 것처럼 보이는 것은 바람직하지 않다. 가장 좋은 방법은 메모를 보는 동안 잠시 말을 멈췄다가 무슨 말을 할지 알았으면 다시 청중을 보는 것이다.

음역을 최대한 사용하라

내가 자전거를 타고 두 명의 학생 곁을 지나칠 때였다. 한 명이 친구에게 물었다. "네 목소리는 어디까지 들려? 나는 집 끝까지 들리게 할 수 있어."

그는 이 말을 증명하기 위해 가장 높은 소리로 비명을 질러댔다.

"안녀어어어어어어엉 집아아아아아아아아!"

이 예를 든 것은 프레젠테이션 중에 소리를 지르라고 주장하는 것이 아니라 당신의 음역을 최대한 사용해야 한다는 말을 하기 위해서이다. 중요한 요점을 강조하기 위해서 좀 더 크게 말하고 덜 중요한 부분에서는 좀 더 부드러운 목소리로 말해야 한다.

그러나 항상 뒷좌석에 앉은 사람들까지 당신의 목소리를 들을 수 있어야 한다는 것을 명심하고, 그들도 청중의 일부라는 느낌을 갖게 하라. 앞줄에 앉은 청중들에게만 가벼운 대화나 농담을 하는 것은 나머지 청중을 소외시킨다.

청중이 당신과 같은 회의실에 없는 가상 프레젠테이션을 진행할 때에는 방 앞에서 말하거나 무대에서 공연하는 것처럼 행동하라.

라디오 아나운서를 분석하라. 그들은 목소리 하나로 몸짓이나 시선까지 표현한다. 또한 말하고 있는 것을 강조하거나 구별하기 위해 높낮이를 조정해서 목소리에 생동감을 부여한다.

전화기에 대고 말하는 것보다 확실히 더 크게 말하라. 우수한 음질을 원한다면 헤드셋과 마이크를 사용하라. 일반적인 전화기나 스피커폰은 절대 안 된다.

두 발에 무게를 싣고, 두 손은 허리 높이에

자신의 몸과 손을 어떻게 해야 할지 모르는 발표자들이 매우 많다. 나는 위의 제목이 바로 해결방안이라고 생각한다. 당신의 체중을 두 발에 균등하게 실으면 앞뒤나 좌우로 흔들리는 것을 방지할 수 있다.

팔을 구부리고 두 손을 허리 높이의 앞쪽에 두면 당신이 말하고 있는 것을 강조할 때 자연스러운 몸짓을 취할 수 있다.

가장 좋은 자세를 알고 싶다면, 당신이 가장 좋아하는 휴가 여행을 설명하는 장면을 녹화해서 보면 된다.

랩 비주얼과 가상 프레젠테이션에는 의자에 똑바로 앉아 발을 바닥에 평평하게 둬라.

스크린 옆에 서라

어떤 영상 장비를 사용하느냐보다 '발표자가 어디에 서 있는가'가 더 중요하다. 프레젠테이션 내내 발표대에만 서 있으면 당신보다 스크린 위의 비주얼이 더 중요해진다. 스크린과 청중 사이에 서면 청중이 스크린을 보는 데 방해가 된다. 회의실의 측면에 서면 일부 청중의 시야를 막게 되고, 당신의 주의력이 스크린과 청중으로 분산된다.

나는 청중과 시선을 마주칠 수 있도록 스크린 옆에 서서 몸을 스크린 쪽으로 30도 가량 돌리는 것을 권한다. 청중이 관심을 가져야 할 비주얼의 요소들을 스크린과 가까운 쪽 손으로 가리켜라. 손으로 가리키는 동작은 청중들에게 무엇을 봐야하는지 분명히 알려준다. 또한 당신의 긴장을 풀어주는 신체에 보이지 않는 이점을 가져다준다.

그러나 당신이 스크린 위의 어떤 것을 손으로 가리킬 때 프로젝터의 불빛이 당신의 얼굴과 몸 일부를 비춘다면 어떻게 대처해야 하는가? 가리키는 동작을 하는 몇 초 동안 그냥 두는 것이 좋다. 그런 다음 불빛 바깥으로 물러나서 손으로 가리켰던 부분에 대해 설명하면 된다.

발표대 뒤에 서는 것 외에는 다른 선택이 없을 때가 종종 있다. 예를 들어, 준비한 원고를 참고해야 할 때가 그렇다. 그러나 발표대는 당신과 청중 간에 물리적, 심리적 장벽을 만든다는 사실을 기억하라. 따라서 피할 수 있다면 피하는 것이 좋다.

피할 수 없을 경우에는, 최소한 프레젠테이션의 서론과 결말에서는 실내에 불이 켜진 상태에서 발표대 옆에 서라. 비주얼을 보여주기 시작할 때에는 발표대 뒤로 이동하라. 이때에는 청중은 더 이상 당신을 보는 것이 아니라 스크린 위의 영상을 보게 되기 때문이다.

앞에서도 말했듯이 자유롭게 움직이려면 발표대에 붙어 있는 마이크 대신 목에 거는 마이크나 옷깃에 부착하는 마이크, 또는 무선 마이크를 사용하라.

필요한 경우가 아니면 지시봉을 사용하지 말라

프레젠테이션을 하는 당신의 손에는 메모, 리모콘, 마이크 줄, 펜 등 신경을 써야 할 것들이 이미 많다.

나, 당신, 우리 모두가 느끼는 것이지만, 많은 발표자들에게 지시봉은 무기가 된다. 그들은 지시봉을 청중에게 휘두르거나 애꿎은 스크린을 두드리거나, 죄 없는 탁자를 내리치는 데 사용한다. 최악의 장면은 접이식 지시봉인 경우, 끊임없이 접었다 폈다 하면서 청중의 주의를 흐트러뜨리는 것이다.

가장 좋은 방법은 지시봉으로 할 일을 당신이 직접 하는 것이다. 스크린을 직접 가리키려면 팔과 손을 이용하라.

만일 가리키고 싶은 부분에 손이 닿지 않는다면? 꼭 가리켜야 할 부분이라면 지시봉을 사용하라. 그러나 당신의 손이 닿지 않을 때, 가리키고자 할 때에만 그것을 사용하라.

레이저 광선이 나오는 것은 피하라. 그것을 효과적으로 사용하기 위해서는 농구 선수가 코트 중간에서 공을 던져 골인시키는 정도의 정확성이 필요하다. 레이저 불빛의 움직임이 청중의 주의력을 분산시킨다.

물론 온스크린 프레젠테이션이라면 마우스를 이용해서 소프트웨어가 제공하는 포인터 기능을 쓸 수 있다. 이 경우에도 스크린 위에서 포인터가 이동하는 거리를 최소화하라. 너무 많은 이동은 청중의 주의력을 분산시킬 수 있다.

랩 비주얼에서는 때에 따라서 비주얼의 복사본을 손으로 잡고 그것을 가리킬 수 있다. 이렇게 하면 모든 사람들이 당신이 가리키고 있는 것을 볼 수 있다. 그렇지 않으면 당신이 언급하고 있는 비주얼의 부분을 구체적으로 말하라. 가상 프레젠테이션에서도 마찬가지이다. 더 자세한 사항은 다음의 '시각 자료를 이용하라'에서 설명하겠다.

* * *

전달 기술을 더 개발하려면, 청중 앞에서 자기 자신을 나타내는 방법을 가르치는 전문가에게 자세하고 건설적인 지도를 받는 것이 좋다. 카세트테이프를 이용해서 자신의 목소리를 듣거나, 비디오를 활용하면 청중의 관점에서 당신 자신을 볼 수 있다.

Say it with Presentations

시각 자료를 이용하라

지금까지 프레젠테이션을 하는 동안의 자세와 말하는 방법에 대해 논의했다. 그것과 관련해서 외울 것이 많지만 프레젠테이션을 전달하는 기술은 그것으로 끝나지 않는다. 시각 자료를 제2의 천성인 것처럼 능숙하게 다룰 줄 알아야 한다. 다음은 시각 자료를 다루는 방법에 대한 나의 비결을 소개한 것이다.

비주얼을 넘기기 전에 넘어가는 말을!

나를 따라해보라. "비주얼을 넘기기 **전에** 넘어가는 말을!"
다시 한번, "비주얼을 넘기기 **전에** 넘어가는 말을!"
다시 한번, "비주얼을 넘기기 **전에** 넘어가는 말을!"

프레젠테이션에서 사용하는 비주얼이 유인물, OHP, 온스크린 등 무엇이든 간에 비주얼을 넘기기 전에 다음 비주얼의 내용을 소개하는 말을 해야 한다.

발표자들 대부분은 비주얼에 대해 넘어가는 말을 하기 전에 비주얼을 보여준다. 그렇게 하면 청중은 아직 언급되지 않은 비주얼에 있는 것을 읽어야 할지, 발표자가 말하고 있는 것을 들어야 할지 혼란스럽다. 또한 청중은 발표자 말하는 것을 알기 위해서는 스크린을 봐야 한다는 인상을 갖게 될지 모른다. 발표자가 비주얼을 큐 카드cue card, 방송 중 출연자에게 보여주는 대사나 지시 등을 쓴 카드 같은 것으로 이용할 경우, 발표자는 청중보다는 비주얼을 보고 이야기하는 데 더 많은 시간을 보낸다. 그러고도 청중이 발표자의 프레젠테이션에 대해 흥미를 별로 느끼지 못한다고 원망할 수 있겠는가?

효과적인 전달을 위해 발표자의 말과 비주얼은 함께 어울려야 한다. 우리가 듣고 있는 것이 보고 있는 것을 강화하고, 보고 있는 것이 듣고 있는 것을 뒷받침해야 한다. 넘어가는 말은 현재의 비주얼에서 보고 있는 내용과 다음 비주얼에서 보게 될 내용을 연결한다.

다음은 넘어가는 말을 효과적으로 하기 위한 4단계 과정이다.

1. *이전 슬라이드에 대한 설명을 끝낼 때까지 청중과 시선을 계속 마주쳐라.* "지금 보신 것처럼 미국 시장은 ○○은행이 성장할 수 있는 막대한 잠재력을 보유하고 있습니다."

2. *넘어가는 말로 다음 슬라이드를 소개할 때에도 계속 시선을 마주쳐라.* "그러나 ○○은행은 미국 시장에 진출하는 것이 가능할 것인가? 사실 극복할 수 없는 진입 장벽은 없습니다."

3. *비주얼을 새 것으로 교체하는 동안 잠시 말을 중단하라.*

4. *새로운 비주얼의 내용을 말하기 시작할 때에 다시 시선을 마주쳐라.* "여러분들이 익히 알고 있는 진출 장벽과 그것을 극복하기 위한 방안에 대해 말씀드리겠습니다."

말할 때에는 말하고, 비주얼을 바꿀 때에는 비주얼을 바꾸어라

단계 3을 강조할 필요가 있다. 비주얼을 바꾸는 동안 청중에게 말을 하는 것은 혼란을 초래한다. 당신은 동시에 너무 많은 일을 하려고 시도하고 있다.

당신은 청중에게서 시선을 다른 곳으로 돌릴 때가 생긴다. 비주얼이나 프로젝터와의 대화가 끝나면 청중이 있다는 사실을 다시 상기하라.

설명을 할 때에는 문장이 끝날 때까지, 청중과 시선을 마주치면 더 효과적이다. 그런 다음 비주얼을 바꾸는 동안 말을 중단하라. 이렇게 하면 설명하고 비주얼을 바꾸는 각각의 일에 집중할 수 있다.

비주얼을 바꾸는 동안에 발생하는 침묵을 두려워하지 말라. 청중도 그것을 이해한다. 기억하라. 당신이 청중에게 넘어가는 말을 했기 때문에, 그들은 다음 내용에 대해 생각하는 데 기꺼이 고요한 몇 초를 보낼 것이다.

각 비주얼을 통해 청중을 이끌어라

1. *구체적인 페이지 또는 비주얼을 가리켜라.*
"○페이지, 다음 세 페이지, 다음 비주얼…."

2. *차트의 요소를 설명하라.*
"왼쪽의 세로축에는…, 아래의 가로축에는…."
"이 행렬의 상단에는 6개 경쟁사를, 세로로는 4개 기준을 표시했습니다."

3. 당신이 사용한 상징과 부호를 모두 정의하라.
"세 가지 색을 봐주시기 바랍니다. 노란색이 나타내는 것은…", "점선이 나타내는 것은…이고 실선이 나타내는 것은…."

4. 비주얼이 무엇을 보여주고자 계획되었는지 지적하라.
"왼쪽 아래에서 오른쪽 위로 대각선으로 움직이고 있는 상승 추이에 주목하시기 바랍니다."
"경쟁사의 안정적인 패턴과 귀사의 변동성을 대조해보십시오."

5. 비주얼의 '의미 있는 사실'을 언급하라.
"따라서, 우리는 판매원들이 좀 더 수익성이 높은 거래에 대해 생각하도록 동기를 제공해야 합니다."
"결과적으로, 첨단 기술 시장에 진출해야 합니다."

6. 다음 비주얼로 넘어가는 말을 하라.
"지금까지 우리는 첨단 기술 시장의 긍정적인 측면들을 살펴보았습니다. 이제 주의해야 할 점들을 알아보겠습니다."

비주얼을 직접 바꿔라

프레젠테이션을 하는 동안 당신은 세부 사항에 대해 생각해야 하므로, 비주얼을 바꿔 줄 사람이 있다면 감사하게 생각할 것이다. 그러나 유감이지만, 나는 당신이 그것을 직접 해야 한다고 생각한다. 당신 말고 프레젠테이션의 매끄러운 변화를 위해 비주얼을 언제 바꿔야 할지 정확히 아는 사람은 없다.

때로는 비주얼을 언제 바꿔야 하는지에 대해 당신의 마음이 바뀔 수도 있다. 그것은 개념을 상세히 설명하고 싶어서나 간략히 설명하고 싶어서 그렇게 할 수 있다. 이때 비주얼을 넘기는 사람에게 알려야 하므로 프레젠테이션의 흐름이 산만해진다.

당신이 그런 선택을 할 수 없는 상황이 발생하기도 한다. 예를 들어, 대기업에서 프레젠테이션을 할 때에는 해당 기업에 시청각 기재를 담당하는 직원이 장비를 조종하는 경우가 있다. 그런 경우에는 프레젠테이션 원고를 복사해서 그 직원에게 주는 것이 바람직하다앞에 나온 '프레젠테이션을 준비하라'에서 표시를 한 원고의 예를 제시했다. 마지막으로 필요한 것은 연습을 끊임없이 하는 것이다.

화면의 검은색을 활용하라

OHP나 LCD 프로젝터를 사용할 때 프로젝터를 가끔은 끄는 것이 좋다. 비주얼을 넘길 때마다 프로젝터를 끄라는 뜻이 아니다. 그렇게 하면 주의가 산만해질 수 있다. 그러나 넘어가는 말이나 요약이 길 때, 발표자가 다음 사람으로 교체될 때, 스크린의 이미지와는 무관한 질문에 대해 답할 때에는 비주얼을 보여주지 않는 것이 좋다. 또한 이것은 청중과 시선을 마주치는 것이 중요한 비즈니스 프레젠테이션에 도움이 된다.

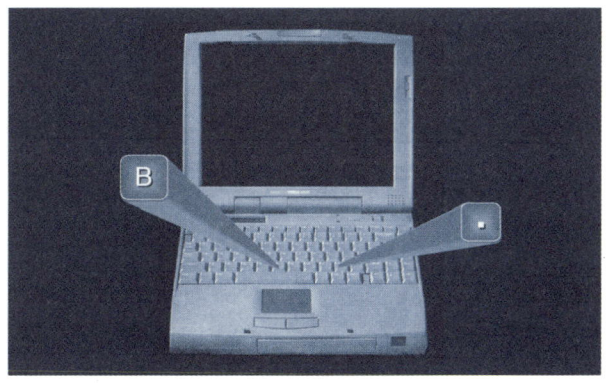

LCD 프로젝터를 이용한 온스크린 프레젠테이션에서 검은 화면을 띄우는 비밀은 노트북 컴퓨터의 마침표나 'b'를 누르는 것이다. 이 키를 다시 누르면 비주얼이 다시 나타날 것이다.

　그러나 대형 강당에서 실내등이 꺼진 채로 진행되는 프레젠테이션에서는 프로젝터를 끄는 것이 효과적이지 않음을 명심하라. 이것은 가상 프레젠테이션에서도 마찬가지이다. 참가자들이 컴퓨터 화면이 아니라 다른 곳을 쳐다보게 되기 때문이다.

　이런 상황에서는 비주얼을 계속 비춰질 수 있게 준비해야 한다. 넘어가는 말이 길 경우에 보여줄 비주얼도 준비하라. 당신이 설명하고 있는 부분을 강조하면서 의제agenda 비주얼을 반복하는 것도 한 가지 방법이다.

* * *

　지금까지 당신에게 생각할 것을 많이 제시했다는 사실을 인정한다. 나는 그것이 쉽다고 말하지 않았다. 그러나 나는 약속한다. 약간의 경험과 연습을 거치면 이 지침들이 너무나 자연스러워져서 당신이 프레젠테이션 하는 동안 그것들에 생각할 필요가 없어지게 되고 자연스럽게 내용에 집중할 시간을 갖게 될 것이다.

질문에 답하는 것에 익숙해져라

많은 발표자들이 질문에 대한 두려움 때문에 프레젠테이션을 하면서 불안과 긴장을 느낀다. 그보다 더 심한 것은, 대답하지 못하는 상황에 대한 두려움이 그 원인이다. 우리가 다음의 방어적인 작전 중 어느 하나라도 사용한다면, 그것은 그런 두려움을 나타내는 것이다.

연기 가령 우리는 이렇게 말한다. "여러분, 질문은 마지막에 해주시기 바랍니다." 프레젠테이션을 잘 마무리하지 못할 것이므로 질문에 답할 필요도 없다.

통제 누군가 질문을 하면 이렇게 말한다. "그 문제는 잠시 후에 다룰 것입니다.", "그 문제는 몇 분 후에 다룰 것입니다." 말은 그렇지만 그 속에 담긴 의미는 다음과 같다. '제발 나를 방해하지 말아주세요. 대답이 생각나서 마음이 편해지면 그때 당신의 질문을 다룰 겁니다.'

사실상 이와 같은 말은 청중이 들으려고 하는 것보다 발표자인 내가 말하는 것이 더 중요하니 내가 다 마칠 때까지 기다리라고 말하는 것과 같다 동료가 말하길 어떤 임원은 그 말을 듣고 발표자에게, 자신은 사무실에서 기다리고 있을 테니 그 '잠시 후'가 되면 전화를 해달라고 말하고는 회의실을 나갔다고 한다.

회피 청중에게 등을 돌리고 화면을 읽는다 특히 연습이 불충분했을 때 이런 경향이 있다. 시선을 마주치지 않으면 어떤 질문도 들었다고 할 필요가 없기 때문이다.

도전 우리는 쑤셔 넣을 수 있는 모든 세부 사항 각주, 가정, 경고, 출처 등을 동원하여 차트를 복잡하게 준비한다. 이 방법은 청중에게 읽을 수 없는 크기의 글씨로 각주에 설명된 것을 알게 하여 청중을 당황하게 만든다.

잠적 우리는 LCD 프로젝터를 사용하고 회의실을 필요 이상으로 어둡게 한다. 청중이 질문을 하려고 손을 들어도 볼 수가 없다. 설령 보이더라도 어둠 속에서 보지 못했다고 할 구실이 된다.

압도 잠시도 쉬지 않고 빠르게 이야기한다. 그러면 청중은 질문을 할 틈을 찾지 못한다.

질문은 어디에서 오는가? 어떻게 하면 질문을 받지 않을 수 있을까?

하지만 질문이 나오지 않게 하는 것은 불가능하며 굳이 그렇게 시도할 필요도 없다. 우리가 해야 하는 것은 질문에 대한 태도를 바꾸는 것이다. 청중은 적이 아니라는 사실을 이해해야 한다. 청중은 답을 모르는 오직 하나의 질문을 해서 우리를 죽이려는 의도가 있는 것이 아니다. 그들이 시도하고 있는 것은 프레젠테이션을 이해하는데 필요한 정보를 얻고자 하는 것이다. 그들의 목적은 발표자의 견해를 따라 최종적으로 발표자의 제안에 따르고자 함이다.

가장 좋은 방법은 편한 마음으로 질문을 다루는 것이다.

1. *인내심을 가지고 질문에 귀를 기울여라*. 대개의 발표자들은 질문을 받으면 가슴이 좌우로 똑딱거리는 메트로놈처럼 된다. "답을 알까? 답을 모를까? 답을 알까? 답을 모를까? 아! 다행이다. 답을 아는 문제야!" 그리고 답을 안다는 것이 아주 기쁜 나머지 질문자가 질문을 끝내기도 전에 끼어든다.

기다려라⋯ 질문을 하는 과정에서 스스로 답을 발견하는 경우가 많다.

기다려라⋯ 질문 속에서 해답의 단서가 있을 수 있다.

기다려라⋯ 가끔 다른 사람이 답을 해서 당신이 나설 필요가 없게 될 때가 있다.

기다려라⋯ 종종 첫 번째 질문이 청중이 하고 정작 싶은 진짜 질문이 아니다. 그것은 다음에 이어질 진짜 질문의 전 단계이다.

기다려라⋯ 질문자가 질문을 마치도록 해주는 것이 기본예절이기 때문이다.

2. *질문이 끝나면 대답을 생각하기 위해 잠깐 멈춰라*. 답을 하기 전에 잠깐 멈춰라. 질문자는 그 질문이 너무나 중요해서 생각할 시간이 필요하다고 느끼게 하라.

3. *질문을 반복할 필요는 없다*. 만약 회의실의 모든 청중이 질문을 들었는지 확실하지 않다면 질문을 반복하라. 당신이 제대로 이해했는지 확실하지 않다면 질문을 반복하라. 질문에 대답하기 위해 다른 말로 바꿀 필요가 있다며 질문을 반복하라. 그렇지 않다면, 자신 있는 대답이 생각날 때까지 잠깐 멈춰라.

4. *더도 덜도 아닌 그 질문에만 대답하라*. 너무 자세한 답을 피하라. 청중이 '아직 물어보지 않은 질문까지 답하고 있네' 라는 생각이 들지 않도록 하라. 프레젠테이션의 목표와 시간 제약에 대해 잊지 말라.

5. *질문자에게만 대답하지 말고 모든 청중에게 대답하라.* 모든 사람이 그 질문에 똑같이 관심이 있다고 가정하라. 질문자에게만 시선을 마주치는 대신 시선을 움직여 전체 청중이 참여하고 있다고 느끼게 하라.

6. *질문에 대해 충분히 대답했다고 느낄 때까지 대답하라.* 질문한 사람에게 당신의 대답이 만족스러운지 물어라. 그렇게 하면 당신이 질문을 오해하지 않았으며 잘못된 답을 하지 않았다는 점을 확인할 수 있다.

당신은 "청중이 어리석은 질문을 하면 어떻게 해야 하는가?"라고 물을 수 있다. 그런 생각이 들면 강의가 끝난 후에 다음 문장을 100번 써라.

어리석은 질문이란 없다.

나는 이 자리에서, 모든 질문은 나름대로 중요한 생각 끝에 나오는 것이라는 점을 강조하고 싶다. 질문을 하는 사람에게는 그것이 어리석은 질문이 아니다. 질문이 훌륭한 것인지 아닌지 평가하지 말고, 인내심을 갖고 존중하면서 답하라. 다른 청중들도 당신이 질문을 존중한다는 것을 느끼면 좀 더 편안한 마음으로 질문을 할 것이다.

"관계가 없는 질문을 한다면 어떻게 해야 하는가?"
그 질문에 답을 해라.

"공격적인 질문을 한다면 어떻게 해야 하는가?"
적대감, 빈정거림 따위는 신경 쓰지 말라. 질문의 성격이 아니라 내용에 답하라. 프로답게 당신이 말해야 하는 것을 확실히 이해시키고 수용시키는 데에만 집중하라.

"중요하지 않은 사람이 질문을 한다면 어떻게 해야 하는가?"
그 질문에 답을 해라.

"한 사람이 많은 질문을 한다면 어떻게 해야 하는가?"
참을성 있게 그리고 간략하게 답하라. 질문이 끝날 때 당신의 시선을 다른 사람에게로 돌려라. 그래도 효과가 없으면 프레젠테이션의 목표를 다시 언급하고 시간이 제한적임을 지적하라. 질문을 적어 두었다가 프레젠테이션이 끝나 때 다시 논의하자고 요청하라. 당신의 어조가 질문을 그만해 달라는 뜻을 내비치지 않도록 하라.

"답을 모르는 질문이라면 어떻게 해야 하는가?"
답을 모른다고 말하라. 질문자가 당신이 미처 생각하지 못한 것을 제기해준 공을 인정하라. 다음은 이러한 상황에 대처하는 몇 가지 방법이다.

> 당신이 팀의 일원이라면, 그 문제를 다른 동료들에게 넘긴다.
> 식견이 있는 청중에게 그 질문을 넘긴다.
> 그 질문을 향후 단계에 포함시킨다.
> 질문자가 당신이 답을 찾을 것이라는 것을 알게 하라. 그리고 가능한 한 빨리 답을 찾아서 알려주겠다고 약속한다. 그리고 그 약속을 지킨다.

질문에 대처하는 가장 좋은 방법은 질문을 예상하는 것이다. 청중이 제기할 만한 가장 어려운 질문 세 가지를 선정하고 그에 대해 답을 미리 생각해보는 것을 프레젠테이션 준비 과정 중 일부분으로 삼아라. 만약 반드시 나올 것이라고 생각되는 질문이 있다면 그것을 프레젠테이션의 일부로 포함시키는 것도 좋다.
그리고 이 모든 과정에서 **청중은 적이 아니라는 사실을** 기억하라.

Say it with Presentations

유머를 진지하게 사용하라

나는 오래 전 경영대학원에서 프레젠테이션을 할 때 서론에 만화 몇 개를 사용한 적이 있다. 청중은 만화를 보고 웃었고 나도 기분이 좋았다. 나는 유머가 나의 불안감을 덮어주고 청중의 호감을 유도한다는 사실을 깨달았다. 그러나 프레젠테이션의 진지한 내용을 원하는 청중을 웃기기 위해 억지로 우스갯소리를 할 필요는 없다는 사실을 깨닫게 되었다.

요즘도 나는 유머를 사용한다. 그러나 훨씬 더 건설적인 방법으로 사용한다. 나는 다음과 같은 것들을 터득했다.

<u>유머는 요점을 제시하는 데 사용되어야 효과적이다.</u> 관련이 없는 농담이나 우스운 이야기는 프레젠테이션에 도움이 되지 않는다. 인간적인 분위기나 사적인 경험을 공유하는 것이 효과적이다. 당신도 비슷한 상황을 겪은 적이 있음을 알리고 그 상황을 어떻게 마무리하였는지 설명하라. 그러면 청중이 당신의 제안을 더

욱 따를 것이다. 당신의 경험이 프레젠테이션의 요점을 어떻게 뒷받침하는지 보여줘라.

말을 수백 번 하는 것보다 하나의 증거가 메시지를 신속하게 전달한다. 예를 들어, 책 앞에서 인용했던 '안녕, 셜리' 편지를 기억하는가? 그것은 줄거리를 구성에 대한 것을 설명하기 위해 유머를 사용했다.

유머는 적절한 상황에서 효과가 좋다. 특별하게 설명이 필요 없는 말이다. 최근 시장점유율이 크게 하락한 기업에서 프레젠테이션을 한다면 굳이 유머를 사용할 때가 아니다.

유머는 자연스러울 때 효과적이다. 예전에 "발표자는 청중의 질문을 되풀이해야 합니까?"라는 질문을 받은 적이 있다. 나는 뭐라고 대답할지 생각하는 동안, 내가 무엇을 하고 있는지 의식하지 못한 채 조용히 말했다. "발표자는… 청중의… 질문을… 되풀이해야… 하는가?… 아니오, 보통은 그렇지 않습니다"라고 대답했을 때 청중들 사이에서 더 큰 웃음이 터졌다.

유머는 당신이 편안할 때 효과적이다. 분위기가 자연스럽다고 느껴질 때에만 유머를 사용하라.

아래는 유머를 사용할 때 주의해야 사항들이다.

청중 가운데 누군가를 공격할 목적으로 유머를 사용하는 것은 절대 금물이다. 나는 발표자의 빈정거림과 냉소가 너무 심해서 청중들이 테이블 아래로 숨고 싶어 했던 프레젠테이션에 참석한 적이 있다.

어떤 발표자들은 청중 가운데 한 명을 유머의 희생양으로 삼는 것이 남자답다고 생각한다. 하지만 그것은 천만의 말씀이다. 청중은 매우 자기 방어적이다. 한 사람을 공격하면 다른 모든 사람은 다음 유머가 자신을 향할지도 모른다는 두려움 때문에 발표자와 시선을 마주치는 것을 피한다.

요점을 빠르고 분명하게 전달하라. 프레젠테이션을 할 때 사용하는 표현이 모호할 필요는 없다. 유머를 당신이 전달하고 있는 요점에 직결시켜라. 만화를 사용할 때에는 대사가 간단한지 확인하라. 그것이 크고 굵어서 마지막 줄에 앉은 사람들도 잘 읽을 수 있는 것인지 확인하라. 대사를 화면 상단, 그림 위에 배치하면 청중들이 좀 더 쉽게 읽을 수 있다.

융통성을 발휘하라. 첫 번째로 사용한 농담이나 만화에서 기대했던 반응이 나오지 않는다면 다른 것들을 사용하는 것에 대해 유보할 수 있다.

마지막으로, 가장 중요한 충고는, **유머를 사용하는 것에 대해 의심스럽거나 불안하다면 사용하지 말라**는 것이다.

침묵에 귀를 기울여라

질문에 대처하는 방법을 다룰 때 인내심을 갖는 것 발표자는 성급하게 답변하기 전에 질문을 끝까지 듣는 것에 대해 말했다. 마찬가지로 프레젠테이션이 하는 내내 침묵에 귀를 기울이는 것은 좋은 생각이다.

그것은 좋은 포도주병을 딸 때 하는 행동과 비슷하다. 당신은 포도주를 식탁에 놓기 전에 포도주가 숨을 쉬고 실내 온도에 적응할 수 있도록 한다. 이것은 당신의 생각도 마찬가지이다. 각각의 생각을 침묵이라는 괄호로 둘러싸라. 청중이 각각의 생각을 호흡하고, 흡수하고, 이해하고, 숙고하고, 평가할 때까지 숨을 쉴 기회를 줘라 기다려야 한다.

침묵에 귀를 기울여라

내가 위의 카드를 도안한 것은 몇 년 전 의사소통에서 발생되는 침묵의 가치를 이해하게 되었을 때이다. 나는 CEO가 강력하게 반대하는 어떤 절차를 논의하고자 그의 사무실로 찾아갔다. 그때 나는 모든 논거를 빈틈없이 준비했고 연습까지 한 상태였다. 나는 숨도 쉬지 않고 세상에서 가장 긴 문장들을 쏟아냈다. 그가 반박하거나 논평할 시간조차 주지 않았다. 그가 나의 완전무결한 논리를 방해하지 않도록 말할 기회도 주지 않았다.

나는 숨이 차고, 내 주장에서 김이 새기 시작할 때까지 계속했다. 그러나 그는 한마디도 하지 않았다. 나는 풀이 죽어서 사무실을 나왔다. 그 이후로 나는 침묵이 여러 이유로 최고의 동지라는 사실을 배웠다. 그 여러 이유는 다음과 같다.

- 침묵은 말할 것에 대해 생각할 기회를 줌으로써, 생각을 정리하기도 전에 말부터 쏟아내는 것을 막아준다.
- 침묵은 각 개념들을 구분해준다. 그렇지 않다면 우리는 누군가가 질문을 던져 우리를 방해할지도 모른다는 두려움 때문에 쉬지 않고 말할 것이다. 우리는 '첫 번째 생각을 표현하고… 그것이 충분히 이해되도록 한 다음… 두 번째 생각으로 넘어가고… 그것이 충분히 이해되도록 한 다음… 다른 생각으로 넘어가고…' 이런 방법을 사용하면 각각의 개념에

맞는 관심을 받게 된다.
- 침묵은 청중이 발표자의 설명에 대해 생각할 수 있게 한다. 청중은 말을 정신없이 하는 바람에 이해할 수 없는 눈사태와 싸우지 않아도 된다.
- 침묵은 청중이 나를 도와줄 기회를 준다. 항상 말을 하는 것보다 가끔씩 들을 때 누군가에게 도움을 받을 기회가 생긴다.

나의 한 동료는 그것을 침묵할 수 있는 용기라고 부른다. 훌륭한 연설가, 훌륭한 희극 배우들을 연구하라. 그들 성공의 많은 부분이 입을 다무는 기술에 정통한 덕분이라는 것을 알 수 있을 것이다.

에필로그 | EPILOGUE

성공적인 프레젠테이션의 십계명

처음에 말했듯이 프레젠테이션을 배우는 것은 자전거를 배우는 것과 같다. 설명서만 읽고서는 자전거를 타고 멀리 갈 수 없다. 균형 잡는 법, 페달 밟는 법, 핸들 조정하는 법, 멈추는 법을 배워야 한다. 그런 다음에 자신 있게 그리고 미소를 지으면서 언덕을 오르내릴 수 있다.

마찬가지로, 자신 있게 그리고 미소를 지으면서 회의실 앞으로 걸어가려면 성공적인 프레젠테이션을 계획하고 전달하는 방법을 배워야 한다. 다음의 **성공적인 프레젠테이션의 십계명**을 따르는 것이 그 방법을 배우는 좋은 출발점이 될 것이다.

나의 바람은 내가 이 책에서 소개한 개념과 통찰들로 인해 당신이 프레젠테이션을 좀 더 쉽게 하는 것이다. 그것이 자전거를 타고 길 위에서 보내는 시간만큼 즐거워지지는 않더라도 말이다.

그 다음에 이어지는 **'프레젠테이션으로 말하라' 체크리스트**를 복사하기를 권한다. 그리고 그것을 프레젠테이션을 준비할 때마다 참고하라. 당신이 성공적인 프레젠테이션을 위한 단계를 밟고 있는지 확인할 수 있을 것이다.

비주얼을 만들 때

I. **비주얼의 디자인을 단순하게 하라.** 차트의 각주나 출처를 생략하라. 문자 비주얼에서는 단어를 30개로 제한하라.

II. **스크린에서 가장 멀리 앉은 사람도 쉽게 읽을 수 있도록 만들어라.**

III. **색상은 꾸밈이 아니라 목적을 위해서 사용하라.** 강조하기 위해, 반복되는 주제를 확인하기 위해, 구별하기 위해, 상징화하기 위해 색상을 사용하라.

IV. **특수 효과는 최소화하고 내용에 필요한 것만 사용하라.**

V. **제작 기한을 넉넉하게 잡아라.** 비디오나 음향 등 많은 요소가 추가되면 프레젠테이션을 제작하는 데 더 많은 시간과 비용이 든다.

발표를 할 때

VI. **프레젠테이션 전에 연습하고, 연습하고, 또 연습하라.** 프레젠테이션을 하면서 연습하는 것은 너무 늦는다. 프레젠테이션을 하기 전에 완전히 숙지하고 미리 질문을 예상해놓으면 프레젠테이션을 할 때 편안할 것이다.

VII. **프레젠테이션 장소에 일찍 도착해서 기술 담당자들과 함께 기술 관련한 부분을 면밀히 점검하라.** 오디오와 비디오 그리고 그에 들어갈 소프트웨어와의 호환 가능 여부를 확인하라. 스크린 주변은 어둡게 하고 회의실 나머지는 최대한 밝도록 조명이 조정되는지 확인하라. 프레젠테이션 도중에 문제가 발생했을 경우 누구를 불러야 하는지 확인하라. 회의실에 전문가를 대기시키도록 요청하면 더욱 좋다.

Ⅷ. 백업 자료를 준비하라. 예상치 못한 일이 발생하는 것을 막을 수 있을 만큼 프레젠테이션을 준비할 수는 없다.

Ⅸ. 넘어가는 말이 길거나, 청중의 질문에 답하는 동안, 또는 토의를 시작할 때 검은 화면을 활용하라. 검은 화면을 사용하면 청중이 비주얼에 주의를 뺏기지 않고 당신에게 집중하게 할 수 있다.

Ⅹ. 지금까지 말한 십계명 중 적어도 일곱 가지는 항상 지키려고 노력하라.

'프레젠테이션으로 말하라' 체크리스트

1. 상황을 정의하라

목표를 구체화하라
- 왜 프레젠테이션을 하는가?
- 무엇을 성취하고자 하는가?
- 프레젠테이션의 결과, 청중이 어떤 행동을 취하거나 생각하기를 원하는가?

청중을 분석하라
- 의사결정권자는 누구인가?
- 그들은 이 주제를 얼마나 알고 있는가?
- 그들은 이 주제에 얼마나 관심이 있는가?
- 찬성할 경우 그들이 얻는 것은 무엇인가? 잃는 것은 무엇인가?
- 그들이 왜 반대하는가?
- 청중이 할 수 있는 질문 중 가장 어려운 세 가지 질문은 무엇인가?

범위를 한정하라	• 주어진 시간 내에 목표를 달성할 수 있는가?
매체를 결정하라	• 비형식적인 회의, 사실 평가 회의, 대화식 회의에는 유인물, 칠판, 전자 보드를 사용한다. • 다소 형식을 갖춘 회의, 진행 상황을 평가하는 회의에는 OHP, 온스크린/LCD 등을 사용한다. • 결정적인 프레젠테이션에는 온스크린/LCD, 비디오를 사용한다.

2. 프레젠테이션을 설계하라

메시지를 결정하라		• 시간이 30초밖에 없다면 프레젠테이션을 어떻게 요약하겠는가?
줄거리를 정교하게 짜라	서론	• 목적 • 중요성 • 미리보기
	본론	• 쉽게 받아들이는 청중 : 결론과 제안을 서두에 • 쉽게 받아들이지 않는 청중 : 각 장의 끝이나 불가피한 경우라면 프레젠테이션의 마지막에 결론을 배치한다.
	결론	• 요약 • 제안(들) • 실천 프로그램 • 향후 단계

스토리보드를 작성한다
- 비주얼을 디자인한다.
  무엇 : 문자, 그림, 모형
  어디에 : 지도, 도면
  누가 : 조직도, 사진
  언제 : 달력, 일정표
  어떻게 : 도표
  얼마나 : 표, 차트
  왜 : 문자
- 비주얼의 순서를 정한다 : 말할 것을 전개시키고 각각에 대해 넘어가는 말을 준비하라.

비주얼과 보조 인쇄물을 만든다.

3. 프레젠테이션을 전달하라

연습 1
- 줄거리와 비주얼을 완벽하게 익힌다.
- 메모를 준비한다.
- 녹음기로 연습한다.

연습 2
- 배려할 줄 알고, 건설적이고 객관적이며 현실적인 동료들과 함께 연습하라.
- 질문을 예상하라.
- 본인의 모습을 비디오로 찍어서 확인하라.

시설과 장비를 설치한다
- 회의 장소에 40분 일찍 도착해서 시설과 장비 설치를 책임지고 하라.

전달의 기술을 이용한다	• 심호흡하라. • 시선을 마주쳐라. • 자연스럽게 이야기하라. • 음역을 최대한 활용하라. • 두 발에 체중을 실어라. • 손을 허리높이에 둬라. • 스크린 옆에 서라.
시각 자료를 이용하라	• 비주얼을 바꾸기 전에 넘어가는 말을 하라. • 비주얼을 보여라. • 각 비주얼을 통해 청중을 이끌어라. • 비주얼을 제거하라.
질문에 익숙해지기	• 시선을 마주쳐라. • 인내심을 갖고 들어라. • 대답하기 전에 잠시 멈춰라. • 더도 덜도 말고 그 질문에만 대답하라. • 프레젠테이션으로 되돌아오라.

**이제 당신이
프레젠테이션의 목표를 달성하는 일만 남았다.**

초판 3쇄 발행 | 2009년 4월 5일

지은이 | 진 젤라즈니
옮긴이 | 안진환
펴낸이 | 이종록
편 집 | 조민호, 전용준
디자인 | 박아영
마케팅 | 최승호, 김명수
경영지원 | 이지혜

펴낸곳 | 스마트비즈니스
출판등록 | 2005년 6월 18일(제313-2005-00129호)
주소 | 121-250 서울시 마포구 성산동 293-1 2층
전화 | 02)336-1254
팩스 | 02)336-1257
전자우편 | smartbiz@sbpub.net

ISBN 89-92124-07-4 03320

* 값은 뒤표지에 있습니다.
* 파손된 책은 구입처에서 바꿔드립니다.